学科浪漫故事

南宁市第三中学 编

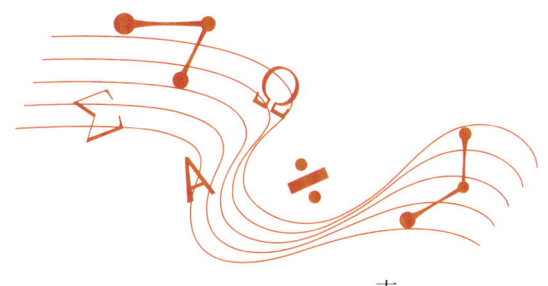

广西人民出版社

图书在版编目（CIP）数据

学科浪漫故事 / 南宁市第三中学编 . — 南宁：广西人民出版社，2023.11（2024.6 重印）
（百年名校正青春）
ISBN 978-7-219-11668-5

Ⅰ. ①学… Ⅱ. ①南… Ⅲ. ①南宁市第三中学—教师—事迹 Ⅳ. ① K825.46

中国国家版本馆 CIP 数据核字（2023）第 224535 号

XUEKE LANGMAN GUSHI

学科浪漫故事

南宁市第三中学　编

策　　划　　赵彦红
执行策划　　林晓明　陈晓蕾
责任编辑　　田若楠
责任校对　　黄　熠　曾蔚茹
美术编辑　　牛广华　陈晓蕾

出版发行　　广西人民出版社
社　　址　　广西南宁市桂春路 6 号
邮　　编　　530021
印　　刷　　广西昭泰子隆彩印有限责任公司
开　　本　　787mm×1092mm　1/16
印　　张　　14
字　　数　　212 千字
版　　次　　2023 年 11 月　第 1 版
印　　次　　2024 年 6 月　第 2 次印刷
书　　号　　ISBN 978-7-219-11668-5
定　　价　　45.00 元

版权所有　　翻印必究

"百年名校正青春"丛书编委会
（按姓氏笔画排序）

主　任　韦　坚　韦屏山

副主任　贝伟浩　韦先鲜　冯宇斌　孙　振　杨　菲　李　杰　李国栋
　　　　　吴　红　何海夷　张　栋　周　晶　胡颖毅　莫怡祥　梁　毅
　　　　　梁东旺　戚志涛　蓝　宇　谭立勇　魏述涛

编　委　丁　莉　于法锋　王　园　王祥斌　韦　良　韦国亮　韦琴琴
　　　　　邓曙光　玉党益　吕泉孜　朱云峰　刘　珑　刘　栋　刘世林
　　　　　刘培荣　江东洋　许大福　许家勇　苏朝凤　李　昕　李　湲
　　　　　李　睿　李凤华　李浩铭　李鹏飞　杨　彬　吴善堂　邱丽燕
　　　　　何　杰　何　炎　张　静　张忠武　张金恒　陆　金　陆　勇
　　　　　陆华芳　陈　东　陈现永　周代许　庞　洁　宗焕波　胡　波
　　　　　胡纯辉　莫日红　莫焜贤　倪　华　唐永顼　黄　欢　黄　灵
　　　　　黄　洁　黄　继　黄　琴　黄文斌　黄成林　黄秋明　黄梦竹
　　　　　黄频捷　梁心玙　梁艳婷　梁蒙武　覃俊明　谢展薇　蓝日更
　　　　　雷　艳　雷　婷　雷以德　谭　锋　谭佩玉　谭冠毅　黎文平
　　　　　黎正旺　滕　雪　潘俊全　魏远金

《学科浪漫故事》编委会

主　　编　　梁东旺　戚志涛

副主编　　刘　珑　胡　波　黄文斌

编　　委　　于法锋　玉党益　许大福　张　静
　　　　　　黄成林　廖玲玲　谭　锋　谭冠毅

总 序

欲厦之高，必牢其基；欲流之远，必浚其源。自1897年维新人士余镜清创办的南宁乌龙寺讲堂算起，南宁市第三中学（简称南宁三中）历经了一百二十五年的洗礼与积淀，以其深厚的文化底蕴和卓越的办学特色，成为莘莘学子向往的求知殿堂，成为闪耀八桂大地的一个明星教育品牌。逢南宁三中一百二十五周年校庆之际，为了凝练延续名校基因，我们特别推出了"百年名校正青春"丛书，旨在回顾百年辉煌、展示教育求索、激励基因传承，这是南宁三中办学历程中一项具有里程碑意义的创举！

"百年名校正青春"丛书共计十册，是一次对学校发展蜕变的全景式展现，是一次对中学教育教学探索的全貌式分享，是一场弥足珍贵的文化盛宴。每一册书都浸染着南宁三中深厚的文化底色，以"真·爱"教育思想为引领，厚植"家的支柱，国之栋梁"的育人理念，秉持"以学术究真，以温暖施爱"的精神，从不同维度讲述南宁三中故事，展现新时代教育背景下蓬勃向上、生机盎然的南宁三中风貌。

在丛书里，《道从何处来》仿佛是一本扉页镶嵌着时间之石的珍宝簿，为我们展开了南宁三中砥砺百年的历史画卷。它以六个篇章为笔墨，深情而准确地勾勒出这所百年名校的成长脉络。通过那些极具代表性的图片和经典事件的点缀，我们仿佛置身于隽永的岁月长河之中，得以亲近属于南宁三中的教育理想和抱负，明了永恒的教育精神和卓越的教学成就。

《学科浪漫故事》有如一泓清泉，洋溢着南宁三中这所百年名校的教育芬芳。纵览四方的辉煌，体味十三门学科的精彩教学故事和教师们的辛苦与创新，名师们的风采和学生们的真情得以淋漓尽致呈现。在南湖之畔的南宁三中讲台，奏出一曲曲优美乐章，无一不让人流连沉醉。

《草木尽欲言》仿佛是一簇鲜花，伴着南国和畅清风，为我们拂来南宁三中校园里草木的芬芳。每一株植物都有其婀娜姿态，仿佛向我们低声述说着校园的故事。从植物的简介到手绘插画，再到古诗词品读和师生情谊，我们如同漫游在文化花园中，领略南宁三中师生间深厚的情谊和百年名校的韵味。

《学研相济　聚木成林》犹如一片浩渺星空，闪耀着南宁三中科研成果的光辉。它基于南宁三中在深化改革和创新发展方面的探索，将历年的杰出科研成果进行了编录，展示学校在教科研领域的深厚功底，为全市乃至全区深入推进教育教学改革、提高学校教学质量提供新启示、新方法。

《美好不止于初见》宛如一座丰碑，细述着南宁三中青山校区、五象校区、初中部青秀校区和初中部五象校区的风采。翻开书页，我们仿佛走进了被红色文化长久滋润的百年名校，移步换景间，得以尽览各校区的师资力量、历史人文、建筑特色、校园环境、生态资源，领略新时代背景下的南宁三中风采。

《四季　三中》如同一壶芬芳的清茶，于平淡之间，我们可以品味出南宁三中后勤服务工作者不凡的辛勤劳动。每一道美食、每一处胜景、每一桩小事都串联起南宁三中对学子们的关爱与体贴，诠释着学校"全境温馨、全员温暖、全校温情"的人文精神。

《爱要大声说出来》灿若一颗流星，闪烁着南宁三中学子思想和道德品质的光芒。书中收录了南宁三中学子在国旗下发表的精彩讲话，涵盖了爱国主义教育、党史学习教育、党团活动宣传、思想政治教育、法治教育和感恩教育等多个方面，用文字的力量让思想的匠心荡涤在心灵的河流，展示南宁三中在"真·爱"教育的引领下，全过程、全方位育人，为党育人、为国育才的成果。

《给母校的情书》好比一曲饱含着墨香韵味的恋歌，收录了南宁三中师生和优秀校友们的回忆文章。师者说，学子吟，从教师们的珍贵回忆，到学子们在求学时期难忘的点滴与毕业后对母校无尽的眷恋，一封封充满深情的书信，让我们感悟到南宁三中在百年时光中为学子们的成长付出的真挚关怀，让人们见识了这座百年名校多彩且立体的人文风采。

《光阴的故事》好似一幅细腻的水墨画，从多门学科的角度解读二十四节气，揭示其中蕴含的学科知识和中国故事。将中华优秀传统文化带入课堂，将创新教育的理念融入学校，让我们得以领略南宁三中教育的真谛和不断探索创新的精神。

《无界学习》宛然一座学识宝库，收录了南宁三中教师们关于无界学习的论文成果。新时代，知识无界、学习无界，要想在新征程中、新挑战下依然抬头挺胸、昂首阔步，就必须深入研究如何实现学生在学习过程中的全面发展。从纯粹的记忆到对知识的理解、反思、运用、迁移，再到品德、智慧、体魄、艺术和劳动的并举，这本书呈现了南宁三中教育工作者对青少年身心发展规律的深入探索，可为教育工作者提供宝贵经验。

本丛书的撰写与编纂，汇集了南宁三中教师、学生和校友的智慧与经验，他们倾注激情，用心良苦，将自己的思想和经历以生动的笔触呈现给读者。这些书籍既承载了南宁三中百年来的教育理念和办学精神，也彰显了南宁三中学子积极向上、积极进取的精神风貌。

撰书之初，南宁三中初中部江南校区仍处于初期筹备中；成书之时，初中部江南校区也方于2023年9月投入使用，所以未能在本丛书中有所收列。但自筹备之日起，南宁三中这所百年名校的精神和血脉便早已一以贯之，作为一个站在新起点的校区，已然立志于心、成竹于胸，开门即名校，不日将会打造出一张"创新江南"的崭新名片！

在这个飞速发展的新时代，南宁三中将以"百年名校正青春"丛书的出版为契机，拥抱时代，积极进取，勇于创新，主动求变，始终坚持以"为党育人　为国育才"为根本目标，践行"真·爱"教育思想，以培养"家的支柱，国之栋梁"为育人愿景，深入推进"教研强校　温暖育人"发展战略，让南宁三中在新时代继续引领教育潮流，培养更多有"真·爱"精神的学生，为社会培养更多有责任感、有担当的栋梁之才。

南宁三中，百年名校正青春！让我们共同见证这个伟大的历程，体悟南宁三中的精神风貌，感受岁月留存的智慧印记，为南宁三中的百年辉煌点赞。希望这些书籍的问世，能够启迪更多志同道合之人，引领他们走向未来，书写属于自己的辉煌篇章！

编　者

2023年10月

分序

岁月轮转，山河已秋。南宁的秋天未褪去盛夏的燥热，校道上偶尔吹来阵阵清风。早晨走进学校门口，阳光从校道两旁笔挺的树上投下斑驳的光影，这是南宁三中每一天都能看到的美景。目光随着主干道向里看去，校园高高低低地长了许多树，有南方常见的扁桃树、龙眼树、桂花树，有命名奇特的霸王椰、人面子、菩提树，还有繁花似锦的紫藤、炮仗藤、羊蹄甲。这些树像是有一股神奇力量伸出它们的手臂拥抱天空，在南宁三中这块沃土上，枝繁叶茂、生生不息。为什么这些树的长势如此之好？沉思许久，我想有以下几个原因：一是土质肥沃，提供了生长的养分；二是雨水丰沛，时时得到雨露滋润；三是这里空间广阔，可以自由生长。教育也是如此，南宁三中的老师们用渊博的知识为学生提供养分，他们真情的付出时时滋润学生的心灵，学生在学校提供的广阔空间里得到成长。三中师生用那些教学相长的故事诠释着"真·爱"教育的内涵，成全彼此，点亮行程。

有人说："爱是教育的灵魂。"课堂上教书育人，迸发智慧的火花；课堂外温柔以待，丰富教育的内涵。在爱的浇灌下，学生更能感受学习的意义、领会成长的价值，涵养更健全的人格、更高贵的精神。三中用"真·爱"教育的办学理念吸引无数学子。

学生难忘梁毅老师"很有品味"的音乐课，难忘陈传来老师揭示本质、学以致用的物理课，难忘刘辉老师教会学生思考、渗透数学思想的数学课，难忘傅嘉老师从试题中提取生活智慧"沉浸式"教学的英语课，难忘易志锋老师让学习变得可持续、乐于感受生命科学的生物课。"真·爱"教育的办学理念沁润心灵，教学相长的学术氛围助力发展。这里聚集一大批广西名师，如将国际赛场上表现出来的体育精神传递给学生的谭立勇老师，倡导"因果语文"的梁惠红老师，追求"被需要　能给予"教育理想的张小华老师，广西招生考试院特聘专家梁德清老师，培养学生家国情怀和国际视野的杨小菊老师，"用温良和善播撒真爱的种子，以春风化雨传递真理的力量"的陈小妤老师，"以真实情境为载体，突出知识的涵养和生成"的毛秀英老师，"坚守教育初心　勇担育人使命"的吴红老师，运用灵活、开放、多样形式教学的姚敏老师，"课堂至上、学生为主，真爱学生、相信学生"的马志民老师，引导学生"学习用批判性思维获取有用信息，学习在信息社会幸福生活"的苏文凯老师，等等。他们用时光积淀素材，书写了精彩的教育故事。新时代的三中有三中教师新名片，有打造历史教育品牌的李杰老师，全国物理竞赛金牌教练吴小华老师，"赋能共生"激活学生的蓝玉老师，投身基础教育改革浪潮的钟家荣老师，"浪漫不落窠臼　真爱念念不忘"的韦国亮老师，倾注满满的爱给学生的庞启满老师，"把学生的需求，当作自己的追求"的罗洪均老师，"以幸福心做幸福教育"的农惠老师，发现学生的闪光点并用文化浸染学生的庞薇老师，"引导学生思考、点亮其人生"的胡冬明老师，"与学生进行情感交流，真挚、真诚地对待每一位学生"的董杨老师，等等。他们正共同赓续三中辉煌，写就新时代三中的教育故事，讲好这方土地上的故事，就是为三中立传，为时代谱曲。

古往今来，教师都是学生前行的栽培者、引导者。习近平总书记说过："教师不能只做传授书本知识的教书匠，而要成为塑造学生品格、品行、品味的'大先生'。"他还说过："一个人遇到好老师是人生的幸运，一个学校拥有好老师是学校的光荣，一个民族源源不断涌现出一批又一批好老师则是民族的希望。"优秀的三中老师用身体力行回应习近平总书记的号召。春华秋实，寒来暑往，一代代优秀的三中人用团结、实干、创新、求精的教风，继续书写辉煌篇章，让"三中多妩媚，教育更青春"。

南宁市第三中学高三年级副组长　陈兴强

2023年10月

目录 Contents

语文

南三红日和暖　蓝田璞玉生烟
　　　　　　　　　　　　蓝　玉 / 2

因果语文　雕琢大写的人
　　　　　　　　　　　　梁惠红 / 9

让语文生动　让学习生动
　　　　　　　　　　　　张小华 / 19

永葆少年心　栽花育桃李
　　　　　　　　　　　　钟家荣 / 26

数学

浪漫不落窠臼　真爱念念不忘
　　　　　　　　　　　　韦国亮 / 38

明察数学规律　真爱铸就英才
　　　　　　　　　　　　庞启满 / 44

趣味数学　熠熠生辉
　　　　　　　　　　　　刘　辉 / 50

英语

"沉浸式"英语教育让教学相长
　　　　　　　　　　　　傅　嘉 / 58

英文之美
　　　　　　　　　　　　杨小菊 / 63

水滴有声　必有回响
　　　　　　　　　　　　张　栋 / 70

物理

小华传奇　青蓝传说
　　　　　　　　吴小华　/　76

守护"悟理"　坚持真理
　　　　　　　　陈传来　/　81

魅力物理　趣味无穷
　　　　　　　　梁德清　/　88

化学

洪涛经变野　均赋征化学
　　　　　　　　罗洪均　/　94

巧思笃行　兰心蕙质
　　　　　　　　农　惠　/　98

生物

出乎其外　入乎其内
　　　　　　　　魏述涛　/　106

一生挚爱　缘起三中
　　　　　　　　易志锋　/　111

政治

教育是一场幸福的遇见
　　　　　　　　姚　敏　/　118

我们的青春
　　　　　　　　陈小妤　/　123

历史

扎根教育创品牌　向史求真育人才
　　　　　　　　李　杰　/　132

夯实历史沃土　厚植育人初心
　　　　　　　　马志民　/　139

坚守教育初心　勇担育人使命
　　　　　　　　吴　红　/　144

地理

以钟灵毓秀　论纵横经纬
　　　　　　　　毛秀英　/　152

让大自然的光和热　投射入地理的课堂
　　　　　　　　庞　薇　/　158

信息技术

来场曲线的浪漫旅行
　　　　　　　　苏文凯　/　166

真心付出　成就彼此
　　　　　　　　胡冬明　/　174

体育

五十年时间　光阴变成了故事
　　　　　　　　谭立勇　/　184

音乐

睁眼"看"音乐
　　　　　　　　梁　毅　/　190

心理健康

静心等待　看见花开
　　　　　　　　董　杨　/　196

后　记　/　205

语文

南三红日和暖 蓝田璞玉生烟

—— 蓝 玉

以"优化学习过程""丰富学习方式"为着力点，通过"赋能共生"激发学生对生活的热爱，升华他们对科学和人文的兴趣，不断拓宽视野，促进道德、学术、社会责任感等方面的全面发展。

蓝玉，正高级教师，特级教师，南宁市"我最喜爱的老师"，南宁市优秀教师，南宁市先锋示范岗，南宁市学科带头人，南宁市首批名班主任工作室主持人，南宁市教育系统优秀共产党员，南宁师范大学硕士研究生，广西民族大学本科生校外导师。荣获南宁市高中语文教师基本功大赛一等奖、班主任技能大赛一等奖，所带班级被评为自治区先进班集体、南宁市优秀班集体。有12篇论文在《语文教学通讯》《中学语文》等期刊发表，主持或参与研究自治区、南宁市课题，并顺利结题13个课题，科研成果丰硕。

2021年8月，学校安排我担任2022届高三理科特训班的班主任和语文老师。韦屏山校长在微信工作群里把我们年级命名为"奇兵"，我回了一句："凡战者，以正合，以奇胜。故善出奇者，无穷如天地，不竭如江海。"韦校长的回复："知我者，蓝玉也。"于是，我们班以"奇兵1921"命名。一则，我们班是2019级21班；二则，1921年，中国共产党成立，中国革命有了坚强的领导核心，中华民族开启了发展进步的新纪元。我希望"奇兵1921"能够出奇制胜，成为时代的中流砥柱，为中华民族伟大复兴贡献南宁三中力量。

虽然非常清楚家长、学校、社会对高考成绩的期待，但我还是决定开设一些看似与高考无关，但富有语文学科特色的班本课程，以此链接师生的心灵。我一直觉得，我们的基础教育存在一个问题：学生的素质中存在结构性失衡，基础知识的教育过度，而高级素养（关键能力）特别是"超级素养"的培育不足。什么是"超级素养"？21世纪社会竞争加剧、不确定性加大，唯有"创新""合作"才能有效应对各种变局。创新能力是智慧（智商）的集中体现，意味着"聪明的脑"；合作能力是情商的集中体现，意味着"温暖的心"。因此，我在班本课程中以专题探索来突破班级文化建设中的难点，促进学生核心素养的提升，期望学生同时拥有"聪明的脑"和"温暖的心"。我给这门课程起名为"奇兵悦读"，总共做了10期（详见下表）。

"奇兵悦读"班本课程

序号	阅读篇目	主题
第1期	《国家的命运与个人的命运》	神圣的使命感
第2期	《身不严修难致远》《批判精神不等于"我不信"》	严格的自律性
第3期	《海明威的〈老人与海〉》《面包与玫瑰　国家与玫瑰》	顽强的意志
第4期	《人生虽痛苦，却不悲观》《我们的精神要高于苦难的现实》	乐观的品格
第5期	《你永远无法叫醒一个装睡的人》《火》	深刻的自省
第6期	《人生入秋，白发也美》《我陪他走得愈远，愈怕从此不见》	正确的生命观
第7期	《魏晋风度，就是人的觉醒》《苏轼的意义》	精神的觉醒
第8期	《从鲁迅到胡适，他什么都没完成，却开创了一切》《〈宽容〉序言》	宽容的价值
第9期	《弄堂的瓦解》《北京胡同》《到三街两巷寻觅南宁文化的"根"》	家乡的文化
第10期	《输赢的哲思》《郎平：决定输赢的，在输赢之外》《谁能拒绝谷爱凌》	输赢的哲思

第1—3期的课程中规中矩，稳步推进，从第4期开始高潮迭起。掀起浪潮的是信息学奥赛银牌得主周彦丞同学。在第4期，他把"奇兵悦读"心得"卷"出了5862字的新长度，他从学术、言论、文化三方面进行了分析，并坚信"作为青年学生，我们努力学习，积极投身国家的建设，蜿蜒的中国巨龙，必将涤荡所有黑暗"！这篇文章让我热泪盈眶，心情久久不能平复。我因为自己能够走入这些胸怀大志的年轻人的青春感到荣幸，更因为有如此优秀的学生感到无比自豪。时至今日，周彦丞的理性精神和爱国情怀依然让我心生敬意。

在第6期，陈雄萍同学让我从此能够从容面对衰老。她说："天有四时，人亦有四季。人们习惯于赞美活力无限、前途光明的少年、青年，却鲜少歌颂稳重、睿智的中年、老年。事实上，衰老并不仅仅代表疾病缠身、白发染头、老眼昏花，也可以是岁月的打磨、时间的积淀。许多老者不以衰老为虑，而是以一种从容、淡定的态度悦纳人生的冬季，不因年老弃志，不因体弱怠惰，依然拥有一颗矢志不渝、敢拼敢试、热爱生活的青春之心。所以，当岁月逐渐流逝、银丝悄然冒出时，别大惊小怪，别焦虑痛苦，记得这是自然规律，正如天要下雨、水要结冰一样平常。"

在第9期，我们领略了全班同学的家乡文化。廖宁同学家乡久负盛名的古典鸡、母爱满满的豆腐酿，让我们馋出口水。一句岑溪土话"跌落床地底都记得，转屋的第一件事豆系（就是）叫阿妈煎豆腐酿"，让课

精彩教学记忆

2022年9月10日凌晨，踩着零点的钟声，我的学生穆泓瑞从北京给我发来了教师节的问候。长长的留言中，大部分的篇幅在回味高中时代的研学，他觉得"太爽太帅太难忘了"！

2021年3月，为了创新人才培养模式，落实立德树人的根本任务，帮助学生拓宽视野、增长知识，着力提高创新意识和实践能力，我们利用周末到崇左市开展研学旅行活动，并以小组合作探究的方式完成了六大学习任务。

花山岩画是战国至东汉时期岭南左江流域壮族先民骆越人举行祭祀活动留下来的遗迹，具有极高的文化价值、艺术价值和考古价值，入选教育部第一批全国中小学生研学实践教育基地。本次研学任务一：①如何深度挖掘旅游资源，丰富旅游产品？②如何加大宣传力度，提升花山岩画知名度？

天琴是壮族最古老的乐器之一，经过历代演变，已从应用于祈福禳灾的民间信仰仪式变为应用于弹唱歌舞和制作技艺等艺术创作与生活实践。天琴文化是中、越、泰、老等国共有的跨境遗产。本次研学任

务二：①如何拓展天琴文化作为跨境非物质文化遗产的深度交流互动？②在乡村振兴的时代机遇下如何激发乡土传统新的生命力？

崇左太平古城融合明文化、壮文化、糖文化、水文化四大文化，以广西民居为特征，以重现太平古城风貌为宗旨，打造集文化体验、休闲娱乐、慢生活度假于一体的广西文化旅游度假目的地。本次研学任务三：太平古城该如何聚焦壮族文化，打造"一带一路"上的"世界壮乡文化第一古城"？

中国糖都崇左甘蔗产业的发展对我国糖业的健康发展具有非常重要的影响。本次研学任务四：进行广西甘蔗科普微课资源开发，学习制糖技术，培养工匠精神，用古法制糖"酿"出甜蜜生活。

白头叶猴至今已有300多万年的生存历史，是世界最稀有的猴类，为我国独有，其存活数量较国家一级保护野生动物大熊猫更为稀少。白头叶猴仅分布于广西左江和明江之间面积不足200平方公里的三角地带。本次研学任务五：①如何利用虚拟现实技术对白头叶猴进行宣传保护？②探索虚拟现实技术在动物生境保护方面

堂爆发出欢笑。韦东良同学的家乡在上林，号称"北回归线上的明珠"，也是"徐霞客最眷恋的地方"。那里是"壮族三月三"的发祥地，也有"唐宋金都"的称号。上林有一处叫"淘金乐园"的景点，大门旁有彩色塑像，是一群非洲人和中国人围在篝火旁跳舞，一派和睦的景象。韦东良同学说：我有些好奇，当我们的人类命运共同体，乃至人类与生态环境的共同体真正建成之时，还会不会有人为了自己的私欲和贪念，铤而走险地去非法淘金呢？但愿我们都能够克服贪念，不为金钱舍弃情义与理想，而是为高尚的理想不懈奋斗，最终实现人生的价值。

第10期的主题是"输赢的哲思"，阅读时间安排在南宁市第一次高考模拟考（简称"一模"）前，讲评时间安排在"一模"后。当时，学校领导已经给我打了预防针：我们的生源处于弱势，考不好很正常的，要正确看待成绩。然而，孩子们通过深度阅读、理性思考，已经对输赢有了深刻的认识。他们说："败者的痛，是技不如人的羞愧，是壮志未酬的不甘，是功亏一篑的遗憾。幻想与荣光被击得粉碎，才能清楚地看到弱点何在、短板何在；无尽的负荷、重压、抑郁统统释放，才能轻装上阵，重新出发。"他们又说："自我超越才是输赢的要义。"正是看淡输赢，做纯粹的考生，孩子们心无旁骛地备考，才最终实现了逆袭。南宁"一模"的全市前十名，有八名出自"奇兵1921"。学校举行了隆重的表彰大会，那天晚上，韦李涛同学收获了120张鸡腿券，全班收获了800多张印着"校长特别奖"的餐券，全班师生实现了"鸡

腿自由"。

要论"奇兵1921"的高光时刻，必须提及南宁市教科所组织的特训班视导活动。平时已经习惯于小组合作探究的奇兵们大放异彩。韦屏山校长对在活动中进行展示的韦李涛同学、顾贺子睿同学给予了"上课比蓝玉还好"的盛赞，而我则非常享受被超越的快乐。在活动总结上，教科所所长戴启猛给了这样的评语："蓝玉老师创新地把二轮复习的课堂设计成'问题驱动（基于问题的学习，拓展思维的深广度）—专题探索（基于探究的学习，发展思维的融通度）—课题研究（基于项目的学习，实现思维的生长度）'这三个层次，倡导三种新的学习模式，避免了语文学科二轮复习和一轮复习往往看不出区别的问题。在新的学习模式下，学优生展现出了各异的学习方式、独特的思维方式、灵活的解题方式，学习活力得到解放，学习潜能得到激发，创造力得到提升，超级学习力得到培养，而老师也从中不断地获得教学启发，实现了师生共同成长、彼此成就。"

在长期的教育教学中，我执着追求"赋能共生"。我理解的"赋能"，就是培养学生独立思考和规划人生的能力，培养其终身学习的愿望和能力，让学生拥有"聪明的脑"，为学生的终身发展奠定基础；"共生"，则以合作为导向，而不是以竞争为目标，让学生拥有"温暖的心"，具备面向未来的素养和能力，进而以人的可持续发展推动社会的可持续发展。

回顾2018年8月1日，我刚调到南宁三中工作时的心境，当时我已经做好了在人才济济的名校

应用的可能性。

沙尾左江特大桥位于崇左市扶绥县龙头乡沙尾村，是世界最大跨径的公路钢管混凝土提篮拱桥。研学任务六：如何实现使桥梁既满足使用功能，又具有技术创新性，并达到桥梁结构与建筑艺术的完美结合？

在研学活动中，担任组长的何佳璇同学说："在研学过程中，我学会了用查阅文献、现场采访等方式进行信息采集，掌握了论文的写作方法，提升了团队协作和团队管理的能力，也拓宽了自己的视野。蓝老师在此过程中引导我们进行深度思考，让我们学会更全面地思考和解决问题。我们的论文《广西花山岩画遗产旅游发展研究》刊发在《左江日报》，对我来说，这是一份巨大的礼物。2021年4月，收到刊登了自己文章的报纸，我心中的激动难以言表。这个作品在我美好的青春时光里烙下了深深的印记。"

研学旅行是"行走的课堂"，我对课程进行了精心设计，重视内容的适应性和针对性，关注活动的教育性和科研性，增强学生参与的主动性和达成度。这样的课程，无论是对学生还是对我而言，都会是终生难忘的美好回忆。

"可能永远也不会再优秀"的心理准备。但是，南宁三中以开放包容的校园文化接纳了许多和我一样的"外来户"。"真·爱"教育，如冬日暖阳，温暖人心，让我这样的"璞玉"也有机会"袅袅生烟"，获得南宁三中"我最喜爱的老师""我最喜爱的班主任"称号，并有机会登上"真·爱"讲坛，成为广西特级教师。

我曾经和家人说过："南宁三中，是奋斗者的天堂。"而南宁三中语文组，则是这个天堂最浪漫的所在。第一次参加备课组活动，我至今记忆犹新。说好了一起去吃饭，点完菜之后，大家齐刷刷地掏出月考试卷，开始分析：这次考试哪道题出得不够好，应该如何改进；答案怎样打磨会更有利于学生掌握知识点……只有我和卢戈这两个"不懂规矩"的"外来户"不知道，试卷分析是每次聚会的"餐前甜点"。深夜1点之后的语文备课组微信群，梁惠红老师会无私分享她精心制作的课件，当我们清晨起来"谢主隆恩"，她又会立刻谦逊地"请大家商榷"。我不知道为什么一位特级教师、正高级教师还会这么努力，而卢戈却能够一语道破天机："木车的激情。"是啊！语文组的伙伴们，都是一些为教育而激动的不知疲倦者。即便在枯叶铺地、北风呼啸的冬天，这些教育者也不会停下自己的旅程，他们对教育的求索，在越来越聪明的现代人眼里是不可思议、不能理解的，然而他们却让我生出了永久的崇敬。我愿意，在青山脚下、南湖之滨，和他们一起，用语文编织生命的浪漫锦缎。

学生心语

学生心语

很难想象我有多么幸运,在高中最忙碌的一年中,遇见了"诗意栖居"的蓝玉老师。

更难想象地是,你永远想象不到她到底有多 Nowbility。

讲台上的蓝玉老师,思路清晰,循循善诱,口若悬河,霸气侧漏。一张PPT钓起多少困课摸鱼人;一期"奋兵阅读"逼得多少卷王焚膏继晷;一句"我是不屑一顾的"又引得多少学习"困徒"的人哄堂大笑,拍手叫好……语文枯燥乏味?不存在的 ∪∪ (笑容逐渐变恶)。

"×××,××,××××,蓝总找你!"别怕,不是

喝茶,可能是请你吃鸭爪,办公室里的蓝总,无忧无虑,无所畏惧。"你不是文采不行,是根本没有。"一张被圈得密密麻麻,写满批注的卷子扁开,从此世界上又多了一个卷王。"吃水果,多吃点,把这个西瓜啃完……"蓝总的存在,大抵让向来严肃的办公室成为了我们的避风港吧!

震惊!原来吃东西也可以发展成一门美学,这究竟是美食的沦丧,还是美学的扭曲?我不懂,但插花使我快乐。原来传说中把命交给试卷的高三,真的可以过得如此的诗意。我们唱歌,我们过生日会,我们在蓝总的领导下,在月亮挂好前捕捉夕阳。

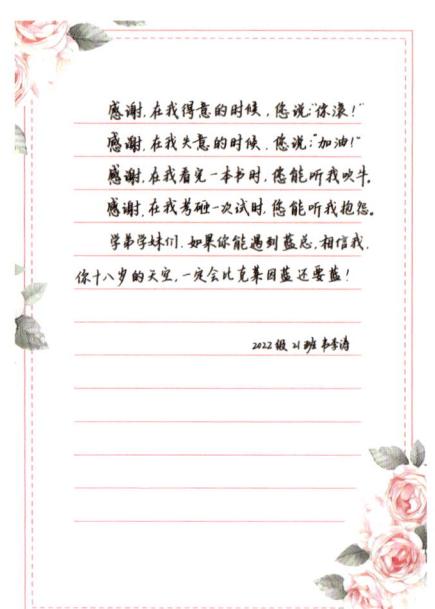

感谢,在我得意的时候,您说"你浪!"
感谢,在我失意的时候,您说"加油!"
感谢,在我看完一本书时,您能听我吹牛。
感谢,在我考砸一次试时,您能听我抱怨。
学弟学妹们,如果你能遇到蓝总,相信我,你十八岁的天空,一定会比克莱因蓝还要蓝!

2022级31班 李涵

学 科 浪 漫 故 事

因果语文 雕琢大写的人

—— 梁惠红

提出"因果语文"的教学主张，探索出关键词聚焦读写策略、以读促写写作教学策略、项目式深度学习策略，形成了序列化、开放性的"读写共构三步三层级"模式。

梁惠红，南宁三中语文教研组组长，正高级教师，特级教师，广西教学名师，2021年首届自治区普通高中课程改革教学指导专家委员会语文教学指导委员会委员。曾荣获南宁市教坛明星、南宁市学科带头人、南宁市优秀教师、南宁市第六批优秀青年专业技术人才等称号。2008年至今，持续开展"读写共构：高中语文深度学习的策略及实践"系列研究，在专业期刊发表多篇论文，在全区各地作成果推广讲座30多场；2016年出版专著《梦里花开　教书拾萃》；2019年主持研究的教学成果"高中语文'读写共构'教学策略研究与实践"获广西基础教育教学成果特等奖。2022年，"读写共构三步三层级模式：少数民族地区高中生语文深度学习策略及实践研究"获全国基础教育教学成果二等奖。

33年教坛耕耘，我一路走来，是那些教学相长的故事，成全了彼此，点亮了行程，也成就了教书的意义。教书的意义，不仅在于用分数保障孩子的前途，更在于借由教书的过程，促进心智成长，雕琢自己，雕琢学生，雕琢大写的人。

一个反问，问出了"因果语文"的主张

2008年，我在做"关键词阅读教学"的课题研究，在课堂上，常常要求学生提炼、解读文本的关键词。当时，班上一个淘气的学生反将了我一军，他说："老师，你总是叫我们提炼关键词，那你教的语文学科可不可以也提炼一个关键词呢？"当时，我愣住了，也被问住了。是啊，我可不可以提炼一个词，概括语文学科最本质的东西呢？带着这样的思考，我一直在摸索。渐渐地，我感受到，语文学科教一千道一万，所教所学，大抵"因果"二字，"因"与"果"先后相继、互为通联。所谓"因果语文"，其核心就是把一种由果推因的理念在语文课堂循序渐进地贯穿下去，以期培养学生的文学欣赏能力、善待世界的姿态、文化传承的担当，让人文课堂水到渠成，让灵魂雕琢润物无声。

当我有意识地把"因果语文"理念贯彻在自己的备课、教学过程中的时候，我也在由果溯因的追问中雕琢着自己的教学姿态。在刚开始教书的时候，我把文本阅读教学的重点放在文章写了什么。渐渐地，我发现自己的教学止步于一个粗浅的层面，因为失去挑战变得淡而无味。后来通过由果溯因的追问，我走进

精彩教学记忆

《红楼梦》整本书的阅读纳入新教材，学生却纷纷反映读不进故事、读不出滋味、读不懂关系……总而言之，是一连串的"不不不"。怎样让在碎片化阅读中成长的大多数学生能走进鸿篇巨著《红楼梦》？想起网友们戏作的"假如《红楼梦》中的人物也有朋友圈""假如《三国演义》中的人物也有朋友圈"等段子，不妨从学生熟悉的朋友圈开始走进《红楼梦》的世界吧！于是，我组织了这样的语文活动：为《红楼梦》中的人物设计朋友圈，选取经典场景、典型事件设计朋友圈的内容，朋友圈下的点评语言、人物互动必须有文本依据，并附上相应的说明。于是，《红楼梦》中的人物在学生的笔下就成了这个样子：有新意，也有瑕疵；有取舍组合的巧思，也有不合情理的败笔……但无论如何，《红楼梦》中的人物不再了无生气，《红楼梦》的阅读有了一个打开的路径。

以下为部分学生为《红楼梦》中的人物设置的朋友圈互动：

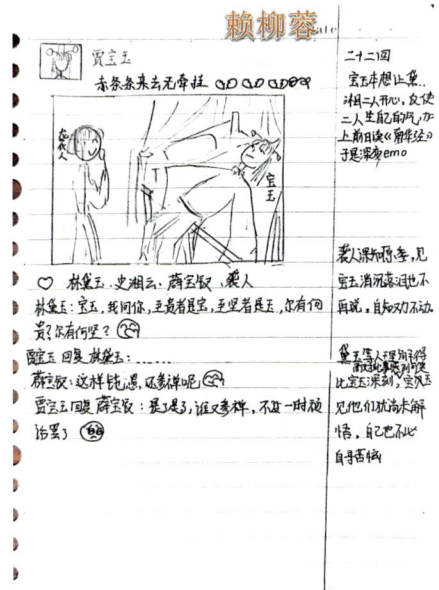

了一个更开阔的世界。教鲁迅的《祝福》，除了让学生关注祥林嫂和鲁镇上的人们做了什么，更要让学生关注他们为什么要这样做，鲁迅为什么要这样写；教屈原的《离骚》，不仅要让学生明白屈原写了什么，更要让学生关注屈原表达思想情感所采用的特殊方式，追问为什么是在荆楚文化（而非黄河文明）中孕育出中国浪漫主义文学的源头……如果把课本知识看作"果"，这个知识的形成背景、形成过程和文化渊源就是"因"。养成了追因的习惯，我也看到了自己的改变：在打破砂锅问到底的探寻中自觉或不自觉地形成一种更为缜密严谨的教学态度；在与学生的切磋琢磨中拥有了更为包容开放的教学姿态，并以这种教学姿态影响学生的学习姿态。当我把追问因果变成备课以及教学过程中的一种自觉习惯的时候，我发现语文课所能发掘到的美，远比自己想象的多得多。

走进阿凤的内心世界

大家都知道，严谨的思维是准确判断的保障。因此，教师敏锐的思维触角需要反复打磨，由果溯因的过程正是这样的打磨过程。记得在备《林黛玉进贾府》一课时，翻看的许多教学参考书都把王熙凤的出场一段作为赏析的重点，而其中有一个分析结论说

"从王熙凤彩绣辉煌的穿着打扮中看出她'虚荣、贪婪、庸俗'的内心世界"。学生手上的教辅书是这样说的，很多老师上课的时候也是这样教的。可是，当我抛开标签式的定论，慢慢由果溯因的时候，我发现，这个分析有着难以自圆其说的漏洞。其一，王熙凤出生于与贾府同等的贵族世家，在贵族世家耳濡目染的文化浸润下王熙凤必然会形成符合世家风范的审美素养，她的"彩绣辉煌"的打扮与暴发户的招摇炫富有着本质区别。其二，贾府上下人等对王熙凤的态度虽各有不同，但全书即便是从嫉恨王熙凤的人嘴里，也从未出现对王熙凤衣着不得体的评价。其三，贾府的老祖宗贾母是一个出身侯府的大家闺秀，有着比王熙凤更精明的理家能力和不输于黛玉、宝钗的审美品位。如果王熙凤的衣着有违世家"高贵、雅致"的审美情趣，她又凭什么能入得贾母法眼，成为老祖宗最喜欢的孙媳妇？其四，王熙凤作为打理内府事务的当家奶奶，这样的打扮是否算出格？或许，这也是维持贾府的门面体统的一种必须？其五，人物定评应该观其全貌，长篇小说的阅读思维线更长，王熙凤又是一个圆形人物，对王熙凤性格的概括、王熙凤精神世界的探问，应该在阅读全书的基础上做考量才更准确。事实上，这一系列问题的本质在于——如何才能做到尽可能客观

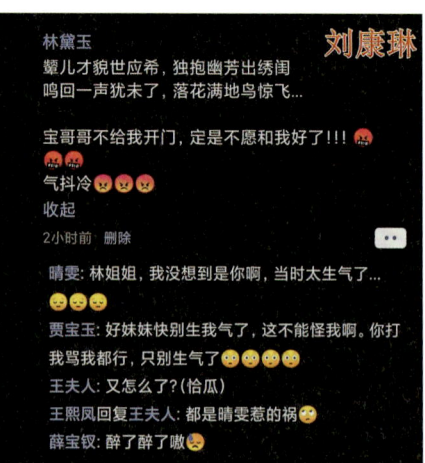

地评价人物。

带着这样的疑问，我查阅了《脂砚斋重评石头记》中的所有脂评，阅读了欧丽娟教授的《红楼大观》、蒋勋的《蒋勋说红楼梦》等，才慢慢有了自己的判断。作为古典小说中唯一一部写百年世家贵族生活的作品，作者所亲历的世家文化是一般世人所不可知的，我们对《红楼梦》的解读，很多是从我们所能理解的角度把我们的价值观强加于其上了。要走进文本的世界，必须先抛开自己的成见，"把脚伸进别人的鞋子里，才能理解别人的苦乐"。于是，在一步步追问的过程中我带着学生做了一期"走进阿凤的内心世界"的研究性学习，无论教师还是学生，都在这样的追问中努力摆脱标签式的现成结论，获得了经过自己思考的判断。

这就是我喜欢的家常课的课堂模式，它最终指向的是学生语文素养的渐进养成。"因果语文"的课堂，会追求这样的课堂样态：无须刻意追求课堂结构的完整，而是致力于借由因果追问产生的思维碰撞；无须刻意追求讲授内容的全面，而是致力于借由因果追问获得的一点突破；无须刻意追求授课方式的新颖，而是致力于借由因果追问累积的语言经验；无须刻意追求应试技能的提升，而是致力于借由因果追问培养的文化认同。这四种样态在面对不同的课型、不同的篇目、不同的课堂生成问题时会各有偏重，但是，它们都是我实践"因果语文"过程中扎扎实实的努力。

我渴望，在"因果语文"的实践中不断雕琢自己的教学姿态，成为一个有自己独立思考的教师。

追因探问，架构人文成长空间

高中是基础教育的最后阶段，也是学生进入成人世界之前的最后一站。作为教师，我不仅要教学科知识，更希望在践行"因果语文"的过程中努力培养一个文明理性、包容悲悯、自信坚强的大写的人。

1.事理追因，雕琢学生自信的悲悯人格。

从情感态度价值观的培养来说，我期盼在因果理念下培养学生的一颗善心和一双悲悯的慧眼。世间万事皆有因果，现实人生，笔底波澜，人生中的悲欢离合、生活中的是非对错，都是有因果的，而很多时候，我们的学生（包括很多成年人）很容易在看到一个现象、一个结果后就马上对结果作出是非对错的价值判断，但如果推求结果背后的原因，可能我们的是非判断就会有所改变。

在教《苏武传》时，"研讨与练习"中提供了李陵《答苏武书》中关于苏武归汉后的相关内容，我让学生思考两个问题：第一，苏武持节出使，羁留匈奴十九年，九死一生回到汉朝之后，却没有得到应有的尊重和嘉奖（有因无果），苏武的忠诚值不值？第二，李陵是一个变节投降匈奴的汉朝将军，既然我们赞许苏武的忠贞，那么，李陵作为一个没有临难死节的投降者，是否毫无疑问就应该被钉在历史的耻辱柱上（由果溯因)？通过课堂讨论，引导学生理解：就个人角度而言，忠诚，从来都不应该成为个人升官发财、索取回报的资本，对国家的忠诚如同母亲之爱子，是无条件、不求回报、不计得失的；每个人，不仅是祖国母亲的孩子，还是祖国的守护者、捍卫者，唯有如此，国家民族的魂魄命脉才能得以延续。

借由一些问题的探究，引导学生改变以往评价人与事非黑即白、非好即坏的思维模式。如果我们的学生在待人接物时有了追问原因的因果理念，他可能就不会看到一个结果就轻率地作出对错判断，而是会对人、对事多了一些体谅和悲悯。在学生情感态度价值观的锻造期，这样的引导无疑是必要的。

一个养成追因习惯的学生，或许就能在遇到是非对错时比别人多一些理性思考；一个学会多元追因的学生，在评判对错时或许就可以多一些理解和包容，多一些决断和坚持。王小波说："我当然希望自己变得更善良，但这种善良应该是我变得更聪明造成的，而不是相反。"我希望，雕琢学生的精神，培养一批有智慧、有悲悯情怀的公民，这也是教书的意义。

2.文化追因，培养学生的文化理解能力。

著名诗人流沙河写过一首诗——《就是那一只蟋蟀》。每带一届学生，我都会带他们去读这首诗，诗的最后两句说"中国人有中国人的心态，中国人有中国人的耳朵"，这中国特有的心态和耳朵，就是我们的文化基因。把这样的文化基因借由我们的课堂传承下去，是师者的责任。文化理解，同样需要步步追因。

在高中语文的选修教材中，有一本《先秦诸子选读》，在上这本选修教材时，往往重点讲孔子、孟子的部分，而略讲甚至不讲老子和庄子。可是，在中国人的文化性格中，少了老子、庄子，必然少了半边天。于是，我在高一时，每周带着学生做老子《道德经》的摘抄赏读；在高二时，让学生做《庄子》研学。我和学生一起，步步探问、时时追因，我们慢慢读《庄子·德充符》，追因庄子为什么要写这些形形色色的畸形人，追问在我们的文化中为什么会对这些丑陋至极的人如此热爱，从而把"德有所长而形有所忘"的文化审美慢慢刻进学生的心里；我们试着理解老子、庄子的孤独，进而努力理解"独与天地精神往来而不敖倪于万物"的自由与高贵。

或许，我们的追因还是很浅层面的，但是，我看到了，这样的追因，在学生心里留下的或浅或深的印记。在这里，分享2022年刚毕业的两位学生写给我的留言：

三年来，您的存在本身对我来说，就是一位我出生以来所遇到的，最大气正派，也最能接近的偶像。更不必谈，您是如何耐心地辅导我，如何真挚地鼓励我，如何坚定地相信我。

我愿意一直努力，像您所期待的，真正成为一个大写的人。得您教诲的日子，留下了太多难忘的珍贵回忆。而让我感触最深的，便是您，曾为我打开了庄周世界的大门。

光怪陆离之中，竟有"相濡以沫不如相忘于江湖"的人生哲思，有"德有所长而形有所忘"的通透睿智——不得不承认，那一瞬间我仿佛被击中——太有同感。您曾说："人与人之间，不过是彼此生命中的过客。"但是，我实在舍不得，也不可能，将您视为自己生命中的过客。

时间也许确实冷酷，但不论人物是非如何变化，我愿意始终"自不变者"观惠王（梁惠红老师）课堂，"自变者"观人生挫折，您的课堂，给了我太多理由去克服一切挫折。谢谢，再见！

2019届2班黄若宜

跟您一起走过两年半的时间啦，感谢相遇与陪伴。真的，青年时期的夜晚独行不单只有孤单和路长，还有波澜壮阔的海和璀璨的星光，不仅是知识和考试技巧，还有为人处世的道理和善良、智慧、批判、热忱。愿您可以精致到老，眼里长着太阳，笑里全是坦荡。也许，我们不能延长我们生命的长度，却可以拓宽生命的宽度，这是您用自己教会我的。虽是离别，但无憾与伤，唯有感念与美好存于心。今宵良晤，豪兴不浅，他日江湖相逢，再当把酒言欢！我们就此别过，平安喜乐，顺遂无忧。

2019届2班林羽佳

每一届学生这样的留言，总是让我一次次相信，践行"因果语文"，努力不会虚掷。无论是理解知识的"所以然"，或体悟文字背后的事理人情，或洞察人生的大智慧，都是在雕琢灵魂。用"因果语文"的理念努力经营一个有细节、有温度的人文课堂，如果这个课堂，能有语言美和情感美的传递，能有思想的碰撞和交流，能看得见师生的共同成长，那么，语文课将会是学生离开校园后最美好的记忆，语文课堂将是教师快乐所系的人文课堂。

最后，用1999年入职南宁三中时给自己写的小诗，收结我的教学故事。

当你走进三中

晨光融融

满目葱茏

请打开这本书

慢慢读

岁月如歌观摩从同

百年沉淀尽显峥嵘

留下青春面容

为国育才建新功

铸剑何须惜力

白发回首自从容

学生心语

梁惠红老师的语文课是我，乃至整个2016级2班时至今日仍然在反复咀嚼和挂念的最为纯粹美好的时光。课前的早读分享，课上的阅读讨论，课下的每周一友，周三时作为素材分享而播放的《朗读者》和《新闻周刊》……少年时期最为活跃与敏感的灵思和心语在黑色水墨笔的书写中跳动。记得有一次，梁老师坐在班外的走廊里耐心地为我讲解作文直至晚上十一点钟。朗月高悬，清风温润，惠王温柔而理性的讲解声同三中空气中渝润的气味交杂在一起，徐徐道来。在紧张的高中生活中我竟生出一种抛去世俗的古意和情怀。这大概就是人文社科的美好吧。将近四年过去了，继中文系的本科之后，我打算继续念中文系的研究生。高中时期的语文课，大概是我对于中文专业执念的滥觞。如果还能重来，多想再上一节惠王的语文课啊。

2016级2班 邓肯

作为一个真实体验过的学生而言，项目式学习确实给我带来许多启发与裨益——或者干脆说，它改变了整个语文课上课的模式和我投入学习的心态。以前的听课-记笔记模式犹如当空接雨，不仅颇多流失，而且难理头绪；而项目式学习犹如挖井汲水，不但能获得参与感和趣味性，并且能充分地领会知识生成和提炼的逻辑过程。记得第一次进行项目式学习是在学习"先秦诸子"时，梁老师让我们自主阅读教科书的儒家文化选集并自选命题自行探究。而等到我真的来到大学的汉语言文学系，在"四书精读"的专业课上听到期末考核是"在《论语》中自选命题进行论文写作"时，不禁觉得遥遥地与高一生在语文课堂上的自己达成了某种超越时空的联系和共鸣，而这种联系的脉络，大概正关涉于项目式学习所鼓励的问题发现力与内在创新力。对我来说，项目式学习的册子逐渐成为了我整个高中最爱翻阅的语文笔记，这本笔记以课题为指南，以我的阅读经验为填充，更近似于一本微缩规模的专著，每个脚注和例子都凝结着自己的心血。当我听课时，是老师在说服我；而当我写下项目式学习的每一个字时，我的手在梳理我自己的灵魂。

2019级2班　马雨馨　北京师范大学汉语言文学专业

让语文生动 让学习生动

—— 张小华

  "活语文"，旨在通过积极的语言实践活动，不断激活学生的思维和学习状态，使他们的思想和语言表达鲜活，让语文课堂充满活力和创造力。具体包括：激"活"学生、激"活"学习、激"活"思维、激"活"素养、激"活"能力。

  张小华，中共党员，正高级教师，特级教师，自治区优秀班主任，南宁市教坛明星，南宁市教坛精英领航工程培养对象，南宁市学科带头人，南宁师范大学文学院硕士研究生导师，南宁市巾帼建功标兵，南宁市先锋示范岗，南宁市首批师德宣讲团成员。先后荣获第六届全国高中语文教师教学基本功展评优秀课例评比一等奖、2018年全国高中语文新课标前沿课堂教学优质课一等奖。主持南宁市张小华特级教师工作室，主持并参与多个自治区、南宁市课题，撰写了多篇专业论文，取得了一系列丰硕的教育教学成果。2018年以来，在南宁市内外进行了多场以"被需要 能给予——我所品味到的职业幸福"为主题的师德宣讲，引起较大反响。

精彩教学记忆

作为一名教师，如果你上的一节课、一个教学细节、一句话能被学生记住，甚至对学生产生了一定的影响，我想这应该是特别值得欣慰和感到幸福的事情吧！

我的2020届20班学生，在高中毕业后，多次和我谈到高一上学期我上的一节语文课，让他们感受到了文字的力量、文学的力量。

这节课的主题是"另一只眼看鲁迅——《记念刘和珍君》"。

上课伊始，预设到学生对这节课、对这篇课文的"期望值"不高，我决定先和他们聊天套近乎，进而顺势把他们一步步引向深度阅读。

"今天我想先请大家谈谈，为什么怕周树人？"学生的"抱怨"脱口而出：他的文章难读懂；他的文章思想深刻；不太了解他所处的那个时代，很难引起共鸣；要背诵他作品的片段……真是怎一个"怕"字了得！

"请同学们用一两个词来概括你眼中、心中的鲁迅先生。"话匣子一下子打开了："批判""抨击""鞭挞""讽刺""横眉冷对""文学家""思想家""革命家"……都是极富高冷意味的标签式词汇啊。显然，作为一个活生生的人，鲁迅先生在学生眼中、心中是缺

"我们祖上，祖宗八代都没人当过老师。你一个女孩子家家，还是当个老师吧。就在家门口上大学，毕业了也留在家门口工作吧！"

30年后的今天，坐在中国南部冬日的暖阳里，我还能清晰地回忆起1989年春寒料峭的那个日子，坐在饭桌前的父亲说的这番话。不过，父亲的梦想只实现了一半：我在家门口读完了大学，却没如他所愿留在家门口工作。

在那个很少追求个性、很少尊重孩子意愿且信息相对闭塞的年代，和许多同龄人一样，我们的人生之路往往更多地听从父母的意见或者建议。与现在拿到高考分数后填报志愿不一样，我们是在高考分数出来之前按照预估分来填报大学和专业。家门口的师范院校，最好的就是陕西师范大学，就报它！至于要报读什么专业，不是不知道，是真的不懂啊！父母逢人就问："你觉得我家老三报什么专业好？""她不是在咱们局机关报发表过文章吗？那肯定读中文系啊。"于是，我就报了中文系。

拿到大学通知书时的情景，我现在完全不记得了，只记得通知书是寄到父亲单位的。在那个年代，一个家庭能培养出3个大学生，而且考取的3所学校都是相当于今天"211"大学以上排名的学校，我相信，父亲肯定是相当得意的。在我们面前，父亲隐藏了他的喜悦，一脸严肃地告诉我："没啥骄傲的！好好念书，毕业出来才能当个好老师！"在那个大学生供不应求、毕业生基本还包分配的年代，我们对将来就业完全没有焦虑和恐慌。

在那个"朦胧诗"兴起不久、"文学青年"4个字很时髦很吃香的年代，我度过了愉快而充实的4年大学时光。

父亲对小女儿的期望，实现了一大半。接下来他的期望，应该就是顺理成章、水到渠成了：最小的女儿有份体面的工作，留在他们身边，再成家立业……毕竟"陕西八大怪"，有一大怪是"陕西的姑娘不对外"。但是，儿大不由娘，他们最听话的小女儿，最终还是辜负了他们。

为了爱情，我"背叛"了父母，来到了祖国的南疆，来到了南宁市第三中学，一待就是30年！感谢这30年时光，感谢这所名校，它让我体验了一场完整而生动的教育历程，也让我深深品味到"被需要 能给予"的职业幸福，更让我实现了"学生喜爱、家长信任、学校骄傲、自己幸福"的职业理想。

3届初中毕业生、7届高中毕业生——30年教师生涯，3年一届，周而复始，循环往复。日子看似如复印机复印一般单调重复，但简单的重复中永远不缺少生动和光彩。回顾我的从教之路，每一步都走得坚定踏实，每个阶段都有自己独特的感悟和成长。

我是老师，你们要听我的！——这是刚开始当老师前几年我的感受。我要让学生相信我，我要让学生崇拜我，我要证明我是老师，你们是学生，我懂的比你们多，我是权威。这个看似正确的逻辑，逼迫着我拼命学习，不断研究。那个时候没有什么

乏温度的。我想，这应该就是学生怕学周树人、不能亲近鲁迅作品的根源吧！于是，我用课件呈现了鲁迅儿子周海婴的一段话，要求学生"静心阅读，去除思维定式，看看能不能在课文中发现一个不同于大家所贴标签的鲁迅先生"：

> ……很长一段时间，父亲的形象都被塑造为"横眉冷对"，好像不横眉冷对就不是真正的鲁迅、不是社会需要的鲁迅。的确，鲁迅是爱憎分明的，但不等于说鲁迅没有普通人的情感，没有他温和、慈爱的那一面。

七嘴八舌的吐槽声停下来，教室里静得出奇，但这种安静，是一种涌动着阅读热情的安静。学生显然被周海婴的这段话触动了，开始认真阅读文本，细心圈点批注，努力在字里行间寻找那个"温和、慈爱"的长者和师者。但是，很显然，学生的收获并不大，"文中所见无不高冷"，应该是他们此时最真切的感受吧。接着，我指导学生通过圈点勾画，先筛选出如下信息：当时的社会，是怎样一种社会？文中的民众，是怎样的民众？问题变小变具体后，学生有了思路，纷纷举手发言，归纳、赏析很到位。可是，这好像离我最初提出的问题依旧

有相当距离，学生还是露出一脸的疑惑：我们从文中看到的鲁迅，不还是先前那个"熟悉"的鲁迅吗？这篇文章，不还是我们"熟悉"的鲁迅式文章吗？正所谓"不愤不启，不悱不发"，火候已到，我适时点拨："同学们，你们虽然读出了鲁迅的愤怒，却没有'用心去体会'鲁迅作为一个老师和长辈，对学生发自内心的爱，对美丽生命消逝的痛。我们再读一遍课文，这一次，请通过圈点勾画筛选如下两个信息：第一，鲁迅笔下的刘和珍，是怎样的刘和珍？第二，请画出作者蕴藏在作品字里行间的温情。从了解社会、民众，到寻找刘和珍形象、体会作者的温情，学生与文本的距离由远及近，内心沉睡的情感终于被唤醒，进而有了与文本进行灵魂交流的欲望。

师：请同学们说说，鲁迅笔下的刘和珍，是怎样的刘和珍？

生："微笑着的和蔼的"刘和珍。（情绪高昂、热烈）

师：这样的刘和珍，怎么会是"暴徒"？这样的刘和珍，竟然死在了执政府门前卫队的枪下！

生："至少，也当浸渍了亲族，师友，爱人的心，纵使时光流逝，洗成绯红，也会在微漠的悲哀中永存微笑的和蔼的旧影。"（语气缓慢、低沉）

师：这是老师对学生痛心的

网络资源，一本教材、一本教参、一本字典，恰恰倒逼着我们精研教材、深耕课堂。同时，我还想着如何让课堂更热闹、让学生更活跃，想着如何让学生更喜欢语文课。于是，讲故事、猜谜语、唱歌、编课本剧，我设计了不少今天看来有些华而不实甚至哗众取宠的教学环节，但由于当时上的是初中课，这些做法确实激发了学生的学习热情。直至今天，在和第一届学生聚会时，我还会非常诚恳地请求他们原谅老师当时没有教学经验，没有给他们更好的东西。学生反倒经常回忆甚至怀念那时的语文课堂，甚至对一些课堂细节记忆犹新。同学们说：张老师在应试教育盛行的年代，很早践行了素质教育的理念，让我们喜欢上了语文课，喜欢上了普通话非常标准的语文老师。

学生好像懂得比我多，怎么办？——随着学生获取知识的渠道越来越多，随着家长对孩子的教育越来越重视，随着社会上教培机构不断涌现，随着我从初中部到了高中部，我忽然有了深深的焦虑感。如何适应这些变化？如何不被学生"问倒"？如何让学生更信任我？如何提高学生的高考成绩？……这些问题，让我感到了不小的压力。怎么办？我开始大量看专业书籍和杂志，开始撰写教学论文，开始尝试做课题……学无止境，教学相长，这是一段厚积薄发的幸福时光，是一段与学生平等相处的美好时光，也是一段自己在专业技术上快速成长的难忘时光。

我是他们的"小华姐"，我和他们成了"同

学"，——很奇怪，我年轻的时候，学生都叫我"张老师"，"老师"就是我的"标签"和"定位"；可慢慢地，学生开始叫我"华姐"，他们说我有港剧中大姐大的"御姐范"，我和他们的距离在不断拉近，亦师亦友；不记得从哪天起，学生开始叫我"小华姐"，有的甚至直接叫我"小华"。这种感觉真的很奇妙：我的生理年龄在增长，可在学生眼里我仿佛在"逆生长"，我和他们距离越来越近，他们不断地带给我更深的教育感悟和教育智慧。时代在变，国家对人才的要求在变，教育的理念在变，教育的方式在变，人才评价体系在变，育人模式在变……很幸运，我们见证着国家的巨大发展和变化，我们也在见证着教育的改革和创新。以"变"应"万变"，我们不断吐故纳新，但"万变"不离其宗，那就是"捧着一颗心来，不带半根草去"的教育初心，是"学高为师，身正为范"的铮铮誓言。随着对教育的理解越来越深，我越来越能感觉到和同学们一起学习、一起探讨、一起成长的巨大喜悦和幸福。我不仅是他们的老师，我更是他们的"同学"：课堂内共同探讨、共同生成一堂堂精品课；课堂外一起交流碰撞，我常躬下身来向同学们学习请教。我觉得这是我教育的"黄金年代"，没有职业倦怠，没有坐吃老本，有的是不断地学习、沉潜、挑战、迸发。

从"我懂得比你们多"到"你们好像懂得比我多"，从一个知识的讲授者成长为共同的学习者，30年的幸福教育生活，让我充分享受着"教学相

记念！这是文化巨匠对美丽生命消逝的悲悯！

生："苟活者在淡红的血色中，会依稀看见微茫的希望；真的猛士，将更奋然而前行。"（悲愤与斗志交集）

师：面对着这样的社会，面对着这样的民众，鲁迅先生不是一个绝望者，他在对现实理性、严峻的解剖中，闪烁着理想主义的光芒！这让我们想起了他在《狂人日记》里响彻心扉地呼救的"救救孩子"，这也让我们想起了《药》中夏瑜坟上的那一圈红白的花。

…………

在这次师生对话中，我终于看到了学生眼中热切的光芒！我终于感受到了他们沉浸在文字中欲罢不能的快感！

用今天的话来说，鲁迅先生是庄子的忠实粉丝。有人统计，鲁迅先生的作品中有11处引用了庄子的原话，他也常学庄子说话的方式，模仿庄子的文风。清代的胡文英在《庄子独见》中有一段对庄子的精彩评述："庄子眼极冷，心肠极热。眼冷，故是非不管；心肠热，故悲慨万端。虽知无用，而未能忘情，到底是热肠挂住；虽不能忘情，而终不下手，到底是冷眼看穿。"我引导学生仔细体会这段话的意味，分析鲁迅与庄子性格的差异，肯定鲁迅积

极入世的态度：即使现实让他压抑痛苦，他也要坚持在浊世上摸爬滚打，用纸笔发出"呐喊"，呼唤"要改良这人生"。"怒其不争，哀其不幸"，一直是鲁迅小说对麻木民众的基础情感啊！

如此一来，一个活生生的、真实的、生动的鲁迅，一个充满斗志、充满希望、充满温情、充满仁慈的鲁迅，一个时时给人们传递信心和希望、鼓舞人们不断前行的文化巨匠的形象便立了起来。同学们心中自以为了解的鲁迅，常常是老师讲解和教辅资料硬"植入"的鲁迅。我更希望，带领同学们通过细心品读，在文中发现一个活生生的、真实的、生动的鲁迅，一个长者，一个师者，一个充满斗志、充满希望、又充满温情、充满仁慈的鲁迅先生，一个时时给我们传递信心和希望、鼓舞我们不断前行的文化巨匠。

课堂上，我强烈地感受到全班学生在老师营造的课堂气场中，深度融入课堂学习氛围，全神贯注地阅读，用心地倾听，积极踊跃地讨论和表达。这节课后，学生纷纷拥到我面前谈感想、说收获，说得最多的几句话是：原来鲁迅先生还是这样的！我没想到这篇课文你会这样上！这和我以前学习的鲁迅文章好像不大一样啊……

长"的教育幸福。如果从教师的职业角色定位来看，我并没有改变；但如果从对教师职业理解的角度来看，我一直在改变。从学习者到讲授者，再到研究者、践行者，我不断变换着身份，不断汲取着新的知识，为的是能在这个日新月异的新时代，引领一大群朝气蓬勃的少年自信行走。

30年弹指一挥间，我时时刻刻、真真切切感受到了得天下英才而教之，是一种被信任，更是一种幸福。周国平说：一个人只要知道自己真正想要什么，找到最适合于自己的生活，一切外界的诱惑与热闹对于他的确就成了无关之物。最终，能让我们热爱并愿意为之付出、为之坚持的，全部都源于一个字——爱。

这就是我的教学故事，一个正在学生今日之爱戴与对未来的畅想中寻找自己的职业幸福、在学生未来之幸福与对社会的贡献里发现自己人生价值的教师的故事。

学生心语

你在充满学习压力的三中校园里
辟出一座世外桃源
这里风调雨顺　景色宜人
在这里
鸟儿不愿沉睡　溪水不甘静淌　青草不甘平庸

这里的人
明己智　有恒心　质朴地求卓越
看着硕果累累　你只微微一笑
在心底开出自豪的花朵
送你一本《北国草》
一本满载记忆与美好的《北国草》
小华姐　你常问
特训班"特"在哪里
我们告诉你——
特在特别特别爱你

——2016年教师节2017届17班全体学生

（注：2016年4月23日，为了庆祝世界读书日，应学校要求，我在全校上了一节以"阅读与我的梦想"为主题的班会公开课。在这节班会课上，我结合自己的人生经历，就自己大学专业的选择、阅读对我人生的影响等方面和同学们进行了分享与交流。我着重谈了上初中时，无意中读到的知名作家从维熙的长篇小说《北国草》一书对我人生的巨大影响。没想到，一节普通班会课老师分享的内容，同学们都记在了心里。他们用尽心思、费尽周折，买到了出版于20世纪80年代、印数仅2000册的《北国草》一书，并在2016年教师节，举办了一个教师节颁奖仪式，把这本书作为奖品颁发给了我。这件事一直深深影响着我，更鞭策着我不忘教育初心，用全部的心血和智慧，踏踏实实做人做事，认认真真教书育人。）

我们常说，阅读的最高境界是"共鸣"。通过教授这节课，我想说，阅读的快感在于"找到别路"，是"会心"，是发现别人没有发现的妙处。"横看成岭侧成峰"，我希望通过引导学生，帮助他们更立体、更丰富地去理解一个作家，去解读一个作品，帮助他们拓宽阅读视野、拓展思维深度。

永葆少年心　栽花育桃李

—— 钟家荣

  以"精神引领、目标驱动、行为养成、自主管理"为教育方法，致力于培养重视荣誉、有羞耻心、具责任感的优秀高中毕业生；以"准确分类，有效比较，合理推断"为教学理念，建构"活泼、自主、高效"的语文课堂，培养学生的语文学科核心素养。

  钟家荣，正高级教师，南宁三中五象校区语文教研组组长，广西高中语文学科中心组成员，广西优秀中学语文教师，南宁师范大学硕士生校外导师，南宁市学科带头人，南宁市高中语文兼职教研员，南宁市2016届、2019届、2022届高三语文学科中心组成员，南宁市"双新"实验学科指导专家。曾获南宁市、自治区高中语文优质课比赛一等奖，第五届全国高中语文教师教学基本功展评一等奖。撰写的论文发表于《语文教学通讯》等核心刊物，主持或参与多个自治区级课题并结题。曾参与自治区、南宁市教育考试命题、审题工作。所带班级高考语文成绩优异。

17岁

　　唱情歌齐齐来一遍
　　无时无刻都记住掌声响遍天
　　来唱情歌又从头再一遍
　　如情浓有点泪流难避免
　　音阶起跌拍子改变
　　每首歌是每张脸
　　　　　　——刘德华《17岁》

　　香港乐坛的常青树、歌星刘德华在40多岁的时候参与创作了一首《17岁》，回忆自己入行多年勤勉付出的经历。每当听他唱到"每首歌是每张脸"，我总是浮想联翩。刘德华唱过的每一首歌，幻化成一张张脸，是无法说尽的点点滴滴。我来到南宁三中五象校区虽然只有短短6年，作为班主任和语文教师仅带过两届学生，但每一届、每一年、每一天，也似乎是一首首蕴意丰富的情歌。音阶起跌拍子改变，时光推移甜苦交替，我的回忆也随着这歌声而轻轻泛起涟漪……

　　6年前的仲夏，我刚带完了一届高三学生，带着一种迈向人生新历程的好奇、兴奋，告别工作了18年的南宁沛鸿民族中学，走进了南宁三中（简称南三）的校园。

　　新学期之前，我参加了一次岗前培训和一次备课组长会议，收获巨大。魏述涛老师对班级文化建设的深刻认识和具体做法给了我很大启发。而备课组长会议上，时任南宁三中校党委书记韦屏山那种引导大家允分发言、集思广益，最后作出科学决策的工作方式

精彩教学记忆

　　师：同学们，我们能否运用课文（《父母与孩子之间的爱》）的理性认知来分析各类艺术作品中的父母与孩子之间的爱呢？如果能，请举例说明；如果不能，请谈谈为什么。咱们以4人为小组展开讨论，等会儿请同学们自由发言。（师巡堂，指导学生讨论，约6分钟）

　　师：好的，同学们也经过认真的讨论了，哪个小组来发言？

　　生1：我们小组选择的是电影《摔跤吧，爸爸》。我们从两个角度来看这部电影，即孩子的角度和父亲的角度。电影里面有几个情节是父亲对孩子要求严格，父亲安慰孩子，还有孩子获得冠军后父亲的表现。从孩子的角度来看，父亲对孩子的严格要求是间接表现父亲对孩子的爱，安慰孩子和孩子获得冠军后父亲的表现是直接表现父亲对孩子的爱；从父亲的角度来看，父亲安慰孩子和孩子夺得冠军以后父亲的表现是直接表达他对孩子的爱，父亲对孩子严格要求是间接表达他的爱，希望孩子能够达到他那样的高度。从要求严格这一方面，又可以分为两个

角度，即消极和积极。消极的角度是不利于两人之间的交流，积极的角度是能够提高孩子的能力。

师：我特别关注到你谈的积极的一面和消极的一面。我想请你再说一说，《摔跤吧，爸爸》里面爸爸的爱积极的一面是什么，消极的一面又是什么。

生1：在父亲对孩子要求严格这一方面，对孩子与父亲的关系有两种影响，一种是消极的，一种是积极的。消极影响是不利于他们之间的交流，积极的影响是有利于提高孩子的能力。

师：严厉的父爱不利的一面是无助于交流，有利的一面是能帮助孩子成长。

生2：我们组选择的是电影《哪吒之魔童降世》。我觉得这部电影很切合我们今天上的这篇课文的观点。比如说，哪吒刚刚出生的时候，性格十分顽劣，不懂得去爱别人，只会被爱。从哪吒的角度来讲，这是他的幼稚阶段。然后，在他接受父母的爱之后，他逐渐变得成熟，在电影中最大的体现是——当敖丙想要把全城的人都杀了的时候，他毅然决然地挺身而出去跟敖丙战斗；在他知道他爸替他扛天劫的时

也让人深受触动。后来我在班级建设和备课组工作开展时，都不自觉地将这些感触运用其中。

说起来也巧，正当我苦恼于第一次班会课该如何上的时候，正好看到南宁三中的校史纪念册，上面有一篇广西作家周绍麟先生写的《南宁三中赋》，结合魏述涛老师的启发，我写下了一篇题为《荣誉、羞耻、责任》的班会发言稿。其中写道：

读完这篇抑扬顿挫、文采飞扬的骈赋，我想大家一定如我一般，为三中百年沧桑的历程而震撼、为三中风华叠彩的成就而自豪。

这，就是我们来到这里倍感光荣的历史源泉！

光阴似箭、岁月荏苒，参天大树枝繁叶茂，新生种子落地开花。南宁三中五象校区传承老校区的精神血脉而开辟。在座各位将是百年老树向外撒播的第一批种子，你们将见证新校区的成立，你们将为后来者树立精神言行的规范，你们将作为先行者在五象校区的史册上留下永恒的印记。常言道："万事开头难。"也有说："好的开始就是成功了一半。"无论后来者取得怎样的辉煌，你们都可以骄傲地说：那是因为站在你们肩膀上的缘故！

这是我想跟各位说的第一个关键词——荣誉。

你的荣誉是什么？是南宁三中百年名校的传承，是五象校区先行者的骄傲。

身为南三学子，既然传承着求真向善、敦品励学的精神，既然肩负着强国为民、振兴中华的重任，那么，庸庸碌碌、得过且过就不该是我们应有的生活、

学习态度，要以之为耻。

再者，中国是世界闻名的礼仪之邦，"礼"是中国文化的突出精神，也是中国古代伦理思想的基本概念之一。好礼、有礼、注重礼仪是中国人立身处世的重要美德。南三是百年名校，继承了传统文化的精髓，南三学子自诩精英，学习先辈文质彬彬的优点，就当在日常生活中谦恭礼让、尊师重道，要以无知无礼为耻。

因此，我跟各位说说另一个关键词——羞耻。

《南宁三中赋》中有一句话："同为校友，俱是精英！"看看南宁三中校友榜的名录，其中既有革命英烈也有国家政要，既有学界翘楚也有行业精英；再看看南宁三中历年高考的荣誉榜，考取清华、北大以及"211""985"名校的学子比比皆是。然而，他们起初进入南宁三中时，难道不是和各位一样，虽然兴奋自信却又青涩稚嫩吗？在南三的3年，他们敦品励学、发愤为雄（敦品励学：砥砺品德、发奋学习；发愤为雄：决心奋斗使自己成为杰出人才），"既勃勃以腾翔，复孜孜而驰骛"，最终成为南三学子引以为荣的榜样。在座诸位皆为璞玉，既然在中考选拔中脱颖而出，就当以前辈学长、学姐为范，以未来的国家栋梁、社会精英自诩。"勤学爱翁、牛顿，巧攻苏海、韩潮"，便是各位的责任！

这就是我想跟各位说的第三个关键词——责任。

你的责任是什么？是敦品励学、发愤为雄，成为国家栋梁、社会精英。

追梦列车将以"荣誉、羞耻、责任"为训，带领大家栉风沐雨、砥砺前行！

候，他毅然决然地把咒语给扯掉。这是他的一个成熟阶段了，他已经学会去爱别人，去为别人着想，而不再以自己为中心，因为别人的需求要大于他个人的需求。从父母的角度来看，哪吒的母亲殷夫人虽然一直很忙，经常要去除妖，但是只要她一有时间，就会陪哪吒玩，会无条件地给予哪吒母爱。哪吒的父亲李靖是有原则的爱，他督促哪吒跟太乙真人学艺，如果哪吒没有认真地学，李靖便会斥责他、监督他。我就说这么多。

师：其实我想提醒你，殷夫人和李靖的父母之爱对哪吒的成长是起到了一定作用的，他们的爱就是哪吒成长的基础，对吧？

生3：我想谈的是电影《流浪地球》。我感觉电影跟课文的观点是不同的，因为《流浪地球》中的男主角是集父爱与母爱于一体的。他在宇宙中无条件地想着孩子，即使孩子不在自己身边长大，他也爱着孩子的，即便孩子没有什么作为，他也没有停止对孩子的爱，我觉得这也是母爱的体现。父爱的体现也有，在男主角拯救地球的时候体现的父爱会更浓烈一些。

师：你所谓的"父爱会更

浓烈一些"，我们结合这篇文本来说，那就是弗罗姆说的父亲会指导孩子去面对生活当中的种种困难，对不对？（生：对）好，刚才你还提到了父爱与母爱好像都体现到了男主角的身上，那么老师想提醒大家看到第五段的第三行，弗罗姆说他所谈论的是父爱与母爱的一种理想的典型，他所指的并不是生活中的父母都以这样的一个方式去爱自己的孩子。他在这里所说的是抽离了具体的生活情境，抽离了个体的差异之后的两种本质的爱。

生4：我们小组谈论的电影是《银河补习班》。在这部电影里，男主角人生的前12年里是缺失了亲生父亲的关怀的，所以他受其他小孩的欺负，也缺少自信心，更多是在母亲与继父的陪伴下成长。母亲要求他在重点中学里认真学习，对他也比较严厉，所以他更多是在严厉的母爱下成长。最后父亲回到他身边，希望他能够看看外面的世界，给予他更多的是宽容的父爱。在第八段的后面提到"父爱应该使孩子对自身的力量和能力产生越来越大的自信心"。在《银河补习班》里，最后父亲就让男主角认识到了自己的力量和能力而成长。我想说的就是

这篇班会课发言稿是我带班理念的缘起，也是我后来任每一届班主任时的工作目标——培养一群重视荣誉、有羞耻心、具责任感的优秀高中毕业生。

很快，2016年的12月运动会后，年级分班，1624班成立了。这个班级集合了从前各班的精英，以至于同学们拟定的跑操口号是"精英群集，八星汇聚，追梦二四，一起冲刺"。

回忆至此，突然想起了家委会成立的过程。分班之日，我走进新班级的宿舍，遇见了第一位学生家长骁略妈妈。交谈了几句，我心想：这位家长一早就赶来，可见其做事积极；我们相谈甚欢，可见其善于沟通。于是，我请骁略妈妈建立班级家长QQ群，并任家委会主任，担起了沟通家校的重任。后来，圣奇爸爸、稻源爸爸、忆源爸爸、承汐爸爸、昱辰妈妈、棋元妈妈、嘉淇妈妈、彦桦妈妈、昀知妈妈等诸位家长陆续主动加入家委会，为1624班孩子们的成长保驾护航，可谓功莫大焉。

家委会既然成立，班主任当然要向家委会成员们"汇报"自己的工作计划，以争取全体家长的支持，使家校团结形成合力，教育工作才能更加有效。为此，当了多年班主任却一直没有认真思考过的我不得不绞尽脑汁去总结归纳出自己当班主任的教育方法——"精神引领、目标驱动、行为养成、自主管理"。在此后的每一届班主任任职工作中，这一教育方法就和前面说到的工作目标一样，成了我一以贯之的理念认识和行动指南。

说到这里，我感到有些惭愧，"精神引领、目标驱

动、行为养成、自主管理"的教育方法，在接下来带的两届班级中并没有得到充分的落实。例如"目标驱动"，由于我管理能力不强，1624、1924班都没有能够达成"每个月都成为学风纪律优胜班级"的目标。而我希望同学们通过追求这个目标驱动来完善自我的设想，在同学们毕业后，就只能成为一个无法弥补的遗憾了。

在南三担任班主任的时间里，常常听到同事对我说，钟老师带的班很有个性。说实话，这个评价我分不清是真是假，是好是坏。如果从1624班拍了一部被当时的教导主任李国栋老师开玩笑评价为"教人泡妞"的微电影，为了穿校服、戴校牌的事情跟校领导、班主任辩论了一个晚上，跟别班打球差点变打架的角度，以及从1924班某几个同学上晚自习会偶尔找不到人、高考前集中给班主任提改进意见的角度，还真是蛮有个性的。但这种个性大约是青春期的叛逆和需要自我肯定共同作用下的产物吧，它并非肆无忌惮、不可救药，只是少年特有的表现，让我们回忆时感到可气又好笑。

所幸，每一届的同学们都顺利度过了这段青春的花季和雨季，绝大部分人都没有忘记自己的目标和理想。

这便要谈到关于成绩的事了。

1624班曾经因为成绩不够理想而被校领导批评过。大约是在高二下学期期末吧，校领导说，1624班怎么跟别班差了十几分，分班的时候可是基本持平的啊！听到这话，我内心也是郁闷极了。这个时候，年

这些。

师：你结合课文的理性认知分析了《银河补习班》里面的内容。通过大家的讨论，结合课文的理性认知和艺术作品里所表现的父母与孩子之间的爱的讨论，我觉得我们对这个感性的爱有了理性的认知。这样，我们不仅获得了知识，还发展了我们思辨性的思维。我想，通过前面的几个活动，我们可以发现这篇文章的题目虽然是《父母与孩子之间的爱》，但作者并不是简单地对父母之爱的歌颂，他是从一个人健康成熟的角度去谈论父母与孩子之间的爱。作者在阐述自己观点的时候，是充满了思辨的色彩的，所以才特别地让我们信服，对吗？那么，老师想跟大家谈谈，为什么这篇文章会有这样理性的力量？

师：（PPT展示《父母与孩子之间的爱》的内容结构思维导图）作者在这篇文章当中，在阐述观点的时候运用到了三种方法：一是全面地看问题。问题都有两面，只谈一面很容易让人误解。在这篇文章中，作者不仅谈到了父爱与母爱积极的一面，比如说母爱是无条件的，是积极的，还谈到了母爱、父爱消极的一面。这就是全面地看问题。二是用发

展的眼光去看问题。比如说父爱、母爱对孩子的影响,作者是放在什么过程当中去分析的?嗯,放在一个人成长的过程当中去看待的,他并不是静止地、孤立地去看待父爱与母爱。三是注意对立面的转化。也就是说,事物之间会相互转化,就比如说作者在作品当中谈到一个好的母亲是怎样的呢?一个好的母亲是会希望孩子独立的,是不会鼓励他求援的。那么,大家可能听说过这样一句话——慈母多败儿。母亲的这种无条件的爱给了孩子安全感,但是,当这种母爱发展到极致,就会变成什么?——溺爱。那么就会对孩子产生伤害。同学们在讨论艺术作品的时候,是在不自觉地运用这种思维的方法。比如说这位同学,他就谈到父爱和母爱有积极的影响,也有消极的影响。还有这位同学在谈论《哪吒之魔童降世》的时候是按照哪吒成长的过程去谈殷夫人和李靖他们的爱对哪吒成长的影响。我想,在这堂课上,同学们对这篇文章进行了理性的认知,也感受到了什么是思辨性思维。在这里,老师想做一个归纳,在这节课堂上,我们首先通过两个活动去把握作者的观点,厘清了作者的论证

级组组长兼数学老师韦国亮用带河池口音的普通话安慰我:"1624班这帮崽,肯定得滴!"副班主任兼生物老师周扬林则用他独特的方式去激励同学们(例如,每节课都提问生物成绩常常垫底的某学生)。还有教务处主任兼英语老师张栋、教务处副主任兼物理老师刘珑、化学备课组组长兼科任老师朱建东……这么多学校的中坚分子都是1624班的科任老师,都在帮我想办法,我怎么可以不努力?

千万不要放弃!

一方面,我继续做好班主任和语文老师的本职工作;另一方面,我转换方式去激励1624班的同学们——不要再跟别人比来比去让自己郁闷,要自己跟自己比。于是,1624班的高考目标变成了"稳住'211',力争'985'"。根据上一年的高校录取分数线,我们大致估算在不挑专业的情况下,超过一本线50分可以上"211"高校,超过110分可以上"985"高校。按这个测算,我们班90%的同学可以上"211"高校,超过一半人有考上"985"高校的可能。当同学们和家长们在班会和家长会上了解到这个情况时,大家的信心又树立起来了,原来的郁闷得到了消解,同学们都充满了干劲,以"敢闯敢拼,二四齐心,互勉互励,勇创佳绩"的口号去投入学习。高考结果出来,成绩还是挺不错的,大家的欣喜可想而知。

尽管高考成绩非常重要,我们的幸福感基本由此而生,但组织班级开展的一些课外活动,却让作为一名教师的我更感自豪——我教的知识同学们会忘掉,但我传递的世界观、人生观、价值观会影响同学们

一生。

至今难忘带1624班学生去看望脑瘫儿童的经历——

这天下午，我们1624班的同学在以昱辰妈妈为代表的家委会协助下，到江滨医院儿童康复中心看望脑瘫儿童。

来到江滨医院，平时低调朴实的莫浩威同学欢快地拉起手风琴，活泼大方的李璎琳同学指挥大家演唱童谣。来之前我还担心大家会忘词、冷场，没想到《小小粉刷匠》《数鸭子》《小燕子》的歌声一响起，全班同学和小朋友们就打成一片、乐不可支了。

表演间隙，在江滨医院任职的昱辰妈妈介绍，这些儿童来自北海和玉林的社会福利院。得益于国家某专项计划资金的帮助，孩子们在这里进行了一个月左右的康复治疗。由于尽早进行了治疗，这些孩子才能够掌握一定的生活技能，部分孩子长大后能够自立，有些孩子甚至还能上学读书，直至进入大学深造。而从前，由于缺乏治疗或治疗不及时，很多脑瘫儿童长大后因为缺乏生活技能而陷入一种深重的困境，令人难过。

昱辰妈妈还说，咱们很少在社会街头看到残疾人士，不是因为这类人群数量少，而是因为缺乏康复治疗的手段，残疾人士没有生活技能和自理能力，他们不能像正常人一样去参与社会生活，所以我们才感觉少见。如果哪一天，咱们在不同场合都能看到残疾人士，那才证明我们对社会弱势群体的帮助是卓有成效的。

如果说，我平时从生活水平的提高中感受到了国家的强大，那么今天，我得以从另一个角度认识到民

思路，然后在活动三，我们又结合各类艺术作品进行了分析、辩证。在这个过程中，我们用全面、发展的眼光看问题，并注意用对立面转化的思维方法去分析。我想我们这节课应该是充满理性的。好，正如我在上课之初就展示的这段话所说的那样，我们的生活既需要感性，也需要理性。既然我们前面是在进行一种理性的分析，那么我想在这节课结束的时候，用感性的语言做一番陈述：希望同学们运用思辨性的思维反省自己与父母之间的爱。我们不仅接受爱，更要创造爱；不仅被人爱，更要爱别人。从付出爱中使自己满足，从唤起爱中让自己快乐！

族强盛的意义，由小见大体会到了中华民族社会文明的进步，更明白了作为社会一分子应该承担的责任与义务。

我对同学们说，南三学子未来必定是社会的中坚分子，既然有能力，就要承担起相应的责任。

实现自我价值，共同创造美好生活，今日是一个开始，希望未来永远没有终结。

每次寒假后回校，1624班的同学们都会彼此分享家乡年货；传统节日例如冬至会举行包饺子活动；学习闲暇之余曾到社会福利院、医院去看望孤寡老人和脑瘫儿童。1924班的同学曾经到空军某部与特级战斗机飞行员交流，曾经请到上市金融公司的高管到校传授金融知识……

这些活动既有老师的设想，也有家长的提议，家委会成员们出力最多。学习科学文化当然是重中之重，但作为一个人，没有一颗柔软的心灵，缺乏同情心，怎能在进入社会以后立己达人呢？而且，国家强大、社会和谐，是个人幸福的基础。期望我教过的每一位同学永远不要忘记这一点。

每三年便是一程，我不舍地送走1624班和1924班的同学们。当看着这些十七八岁的少年走过了一个人生阶段，展翅高飞，我脑海里不由得又会浮现刘德华《17岁》的歌词：

音阶起跌拍子改变
年月变但我未变
…………
回忆我冀望那掌声都依然到今天
…………

是的，我和这些少年一样，永远都记着一句话"千万不要放弃"，不会放弃对掌声的冀望，不会放弃对更好的自己的追求。从这个意义上来说，我和他们，永远17岁。

学生心语

临近高考,告别都说得太匆匆。每当我从焦灼烦躁中抬起头来,总能看到你慈祥的目光,带着清凉和抚慰,让人不知不觉静下心来。我不知道在我们埋首写作业的时候,你是否也像这样长久地注视过每一张年轻的脸。只因,我们是你眼中的飞鸟。

三年时光于指尖滑落,犹记得刚分班时,每到课间,我们便如一群小鸟围上讲台,在你耳边叽叽喳喳。你的大肚子里似乎藏着许许多多的故事。你在讲台上缓步从容,神采飞扬,讲"大鹏一日同风起,扶摇直上九万里"的豪迈,也讲"孔雀东南飞,十里一徘徊"的留恋。可是,故事再如何精彩,习惯了在家里横冲直撞的鸟儿们又怎会甘心被束缚于狭小的方寸教室?自习课吵闹不休,不时有人溜出座位,去向不知。你赶来教室"镇压"场面后,还要到操场、宿舍挨个寻找,告诉我们现在的不自由,是为了以后更广阔的天地。见我们低头认错后,你便不忍责备,总是高高举起、轻轻落下,拍拍我们翅膀上的灰尘,又将我们纳入羽翼细心照料。

高考那一天,窗外正值盛夏。走进考场前,我回头看了你一眼,你却只含了笑,仿佛对我说:"飞吧,不要怕。"

——南宁三中五象校区1624班黄雪韵

我记得成人礼那天穿平底鞋的我在红毯上健步如飞,将一众婀娜鲜妍的女同学留在了后面。阿钟在给我们拍视频,但我不记得他对我喊的是"回来!回来!"还是"慢点!慢点!"。

此刻不仅是他在这么喊,还是很久以后我对此刻的回忆向未来的我呐喊。

我只是转头看了一眼,并未照做,应该是我确实不太畏惧他。感谢他包容我很多次的小小出格。

不过放下镜头,回到老师的身份中去,要说的话是截然不同的。老师,尤其是广西的老师,一般都希望学生去更远的地方看看大千世界。所以在那天回到教室后他这么说:

"三年一瞬间,少年初长成。自此四海阔,直上青云间。

我这首诗想说的就是,三年一瞬间就过去了,大部分的同学已经踏进了成年人的世界,那么从此在你们的世界中已经是四海辽阔,振翅高飞。我祝各位在这辽阔的天地里面自由地翱翔,最终直上青云,像鲲鹏一样乘九万里的大风飞到你们理想的远方。谢谢大家!"

大家说起珍贵的东西,常常说某某无价。但无价并不意味着与金钱无关。

比如我至今欠着阿钟在菜鸟驿站给我垫付的一块二毛钱。

——南宁三中五象校区1924班杨一帆

我记得那天下午在25班的教室,阿钟您坐在教室前正中央,同学们开始表达自己的看法。这场班会开了很久,有对班级学风问题的一针见血,亦有同学之间的刀光剑影,更有对阿钟您的直接批评。毫无疑问,这场班会给了整个班级直接交流、深入沟通的机会——敞开天窗说亮话,在这高考前的紧要关头,让大家的心思回到正轨,以齐心协力迎战高考为第一目标。

写到这,当时同学们激进的言语又浮现在脑海中,阿钟您当时托腮聆听、眉头紧锁着思考的画面历历在目。高中三年,甚至是走过这人生的十八个年头以来,我最少见的人,就是可以平心静气地聆听他人对自己的批评、愿意以他人的批评——而且是以年轻一辈的批评自省(在这里就不说大家的批评是否正确了,也希望阿钟能够"有则改之,无则加勉",继续教书育人,再创佳绩)。这就是阿钟无形之中教给我的人生智慧:以批评者的眼光看自己的人生会更加深刻且全面,从而向人生更深处漫行。

——南宁三中五象校区1924班张磊

春秋三度,秋风未倦。大学在南京某工科院校念的,新的宿舍、新的舍友,三年来和他们相处倒是融洽,周末经常一起下馆子。宿舍阳台也有栏杆,每次期末放假前都得用抹布清理攒了一学期的灰。

山色渐晚,下山的小道路灯微明,手机对话框里弹出同学对南宁三中一百二十五周年的祝福。

"你想回到高中时光吗?"

"还是不了。"

"理由?"

"最美好的,一次就够了。"

——南宁三中五象校区1624班黄宇轩

数学

浪漫不落窠臼　真爱念念不忘

—— 韦国亮

  数学教学要教会学生主动思考问题，要培养学生兴趣、意志、创造力等非智力因素，让学生喜欢数学、创造数学，这也是数学的价值所在。

  韦国亮，正高级教师、特级教师，南宁三中五象校区政教处主任。从事数学教育教学工作22年，担任过十几年高三教学工作和17年班主任工作。曾获南宁市优秀教育工作者、教育系统优秀共产党员等荣誉称号。近3年在南宁市基础教育教学成果等次评定中，有3项成果获奖。近几年主持或参与的课题有十几项、发表论文多篇，参与编写著作两部。

中国共产党第二十次全国代表大会于2022年10月16日上午10时在人民大会堂开幕，习近平总书记在党的二十大报告中提出全党同志务必不忘初心、牢记使命，加快建设教育强国、科技强国、人才强国，坚持为党育人、为国育才。我们要办好人民满意的教育，全面贯彻党的教育方针，落实立德树人根本任务，培养德智体美劳全面发展的社会主义建设者和接班人。

作为一个南宁三中追逐"真·爱"教育梦想的教师，我激动的心情久久不能平静。回想2014年2月在南宁三中开学时的全体教职工会议上，学校领导介绍两名新调入的教师，其中一个是我，我感到非常骄傲，因为我一直有一个梦想——追逐南宁三中"真·爱"教育的梦想。"今天我以三中为荣，明天三中以我为荣。"这句话令我念念不忘。但南宁三中的优秀和压力，也让我迅速恢复清醒，以梦为马，不负韶华，必须一切从零开始。

以梦为马，不负韶华，我给自己列下了一系列"真·爱"梦想清单："梦想能在南宁三中上好课，梦想能在南宁三中当好一个班主任，梦想能上学校的"真·爱"讲堂，梦想追逐上名师步伐，梦想……"经过8年的努力，我的梦想一一实现，并且评上正高级教师和特级教师，但是离南宁三中名师的标准还有很大距离，还须继续努力，"真·爱"教育，必须念念不忘。诚然做不到南宁三中以我为荣，但是我相信南宁三中有一天会以我所教的学生为荣，这梦想很美，很浪漫。为了实现这一梦想，我坚定信念，以习近平总书记所说的"广大青年要坚定不移听党话、跟党走，怀抱梦想又脚踏实地，敢想敢为又善作善成，立志做有理想、敢担当、能吃苦、肯奋斗的新时代好青年，让青春在全面建设社会主义现代化国家的火热实践中绽放绚丽之花"为座右铭，努力燃烧自我，尽全力让自己做到为党育人、为国育才。

浪漫不落窠臼，真爱念念不忘，数学学科教育如何践行浪漫思想，这是一场漫长而艰巨的"真·爱"教育追梦过程。作为一名数学老师，经常听到很多学生说数学枯燥无味，从而失去学习动力。对此我感到很痛心，常常思考如何才能让学生喜欢数学。经过多年研究和探索，我认为，数学老师主动引导学生发现数学的浪漫是非常重要的，由此发现数学之美，感受数学之魅力，求学过程处处洋溢着浪漫气息。

南宁三中有许多老师值得我去学习，从他们身上我学到很多，如知名数学教师黄河清老师，他的语言幽默睿智，每节课都是精彩纷呈，课堂上每个学生脸上都洋溢着幸福的笑容，因为黄老师让他们感到，数学课是非常有趣而且浪漫的。他真正完成了学科育人，落实了立德树人根本任务。再如我的师傅——正高级教师陈康老师，他的数学课思维严谨，教态激情万丈，课堂上气氛活跃的同时又处处散发出浪漫气息。还有正高级教师黎承忠老师的数学课妙语连珠；特级教师王强芳老师的数学课严肃而不失幽默；我高中的数学老师李世玲老师的课堂过程节奏紧凑，学生感到紧张的同时又享受到数学学科的浪漫；年轻状元导师刘辉老师的数学课则让学生感受到数学是最美的，也是最浪漫的……南宁三中类似的数学名师还有很多，从他们身上我看到作为一名数学老师，一定要教导学生用数学的眼光观察现实世界，用数学的思维思考现实世界，用数学的语言表达现实世界，提高学生核心素养的境界，让他们体会到数学之美，感受到数学学科的浪漫。

如果数学老师善于研究课堂教学，那么数学便是最浪漫的。如我们在上函数的单调性这节课时，很多老师讲授函数单调性的概念后就直接讲练习，这会失去一个让学生感受到数学浪漫的机会。在教授这节课时，我曾让一个同学拿自己的空水杯上讲台，让他往自己的水杯里加水并观察水的变化过程，然后让他和同学们结合函数的单调性定义解释水杯里的运动过程。同学们都踊跃

精彩教学记忆

时光荏苒，毕业至今，弹指一挥。回忆22年数学教学经历，我始终倡导的教育教学理念有两点：一是要教会学生主动思考问题；二是要培养学生的兴趣、意志、创造力等非智力因素，让学生喜欢数学并激发其创造力。这也是数学教学的价值。基于这两个理念，我认为数学课堂教学要让学生感觉数学是最美的、数学课堂是最精彩的，因为数学本身就是最严谨和最浪漫的。因此，我的数学课堂要始终保持精彩纷呈，同时必须要提升学科育人的教学效果，实现五育并举的教学目标，落实立德树人的根本任务。

精彩教学课堂必须构建与学科育人相应的教学策略。一堂精彩的数学课一定要教会学生思考数学问题，同时必须重点抓"思维育人、史料育人、审美育人、活动育人"四个维度，这四个维度缺一不可。与学科育人相应的教学策略要适应各种教学模式，如教学新授课、高考复习课、方法探究课等。接下来我以教学新授课为例，谈一谈如何通过学科育人的教学策略，落实五育并举的教学目标。

新授课的基础环节是"新课引入","关联性"是这环节的关键之处,通过以数学史,以中华传统经典故事为切入点,使学生养成忠于科学、忠于事实、忠于中华民族传统的思维习惯,让学生主动追求真知,胸怀博爱精神,践行大爱思想,提高学生数学学科核心素养,提高学生道德修养,从而落实立德树人的根本任务。如在数列系列的新授课中,教师要让学生知道数学的历史源远流长,譬如中国古代数学名著《九章算术》、古埃及的"加罕纸草书"、古巴比伦的泥版上都记载了许多数列问题。如在上数系的扩充和复数的概念新授课时,教师要跟学生谈到《道德经》中说的"道生一,一生二,二生三,三生万物";提到刘徽作注的《九章算术》中的"今两算得失相反,要令正负以名之",即出现了负数,数系扩充到有理数;提到毕达哥拉斯学派认为"万物皆数"。

新授课中的"应用探索"是一节课的关键环节,本环节的关键是体现深刻性,注重数学思维方法的学习理解、融会贯通,掌握"三学会"精神:用数学眼光观察世界,用数学思维思考世界,用数学语言表

回答,最后都理解了函数的单调性概念,还进一步升华到理解了凹函数和凸函数的定义,掌握了物体运动中速度的变化轨迹,同时还感受到了数学中的运动美,发现了数学中运动轨迹的浪漫。

如果数学老师善于构建课堂学科育人体系,那么数学就是最浪漫的。例如,我在教授"方程的根与函数的零点"这节课时,首先,在"新课引入"环节,我设计问题:请同学们想想有关方程的中国数学历史故事有哪些?我先让学生回答,学生回答后,我援引任正非所说的话:"中国要和美国竞赛,唯有重视数学。"以此激发学生热爱数学、热爱祖国的情感。然后,我向学生介绍我国古代数学家在公元50年至100年编成的《九章算术》,给出了求一次方程根、二次方程根的具体方法,强调这比西方要早300多年,引发学生的民族自豪感。最后,我再介绍秦九韶给出了求任意次代数方程的正根的解法,贾宪给出了三次及以上的方程的解法,使学生对中华优秀传统文化从了解到崇敬。这一课堂教学体现了史料育人、审美育人,厚植学生爱国情怀,从而实现学科育人功能,落实立德树人根本任务。

如果数学老师勤于学习,那么他的数学课就是最浪漫的。一个善于学习的老师,他会发现中华民族有着5000多年光辉灿烂的文明史,是一个有数学成就的民族,从《墨经》几何学到《九章算术》等,都是中华数学文化的明珠。教师会发现,讲到解析几何时,就应让学生了解哲学家笛卡儿创立了解析几何,了解他曾经说:"所有那些目的在于研究顺序和度量的科学,都和

数学有关。"同时，他也会让学生了解另一个解析几何创始人——法国数学家费马的数学故事，让学生懂得数学的发展体现了全人类探索世界、认识世界的历程和智慧。以数学史、中华传统经典故事为课堂题材，使学生对科学家、对中华优秀传统文化、对数学史从了解到崇敬，养成忠于科学、忠于事实、忠于中华民族传统的思维习惯，提高学生数学学科核心素养，从而落实立德树人根本任务。

如果数学老师睿智幽默，那么他的数学课就是最浪漫的。波利亚认为数学不是一门科学，而是一门艺术。我的理解是数学教学是一门艺术，教师上课需要激情，要用自信、人格魅力和赞美语言去做"适当的表演"。我记得刚到南宁三中，由于本人讲了一口不标准的普通话，有些学生听课时便故意开一些无恶意的玩笑或是偷笑，我就笑着跟他们说，老师夹壮虽是"自然灾害"（我故意读成"四然灾害"），但方言是最美的语言，是愿意把根留在故乡最直接的行为表现，也时时刻刻提醒我们要永远学会感恩，要有家国情怀。每次讲完这番话，同学们都很安静，静静地听完我的课。有一个学生毕业后是这样评价我的："数学老师韦国亮老师发音不标准，总把'自然灾害'故意说成'四然灾害'。解题解错了——'四然灾害'。数学公式背错了——'四然灾害'。说话时他望着窗外的天空，不知在想些什么，于是我们也望着窗外。"学生的评价很真诚。我想，数学课上，如果教师能将错就错去引导学生主动纠正自己的错误，从而提高学生的核心素养，即培养学生应具备的、能够适应终身发展和社会达世界。同时，课堂概念的应用可以让学生懂得数学来源于生活，敢于提出问题和解决问题，善于总结和反思，拥有不断追求、探索和征服数学难题的精神，收到"思维育人、史料育人、审美育人、活动育人"的教学效果。如果上"合情推理"新授课时，学生对一些概念不太理解，教师应在"应用探究"这环节中先让学生了解一个著名推理——哥德巴赫猜想，以及哥德巴赫为什么写信给欧拉。接着介绍另两位伟大数学家的猜想——费马猜想和四色猜想。这样的设计让学生意犹未尽，课堂精彩记忆永驻心海，教师再讲其他练习就游刃有余。

学科核心素养是育人价值的集中体现，是学生通过学科学习而逐步形成的正确价值观、必备品格和关键能力，精彩的数学课堂要全面落实立德树人根本任务，课堂教学设计的科学性就尤为关键，因此要科学制定数学学科育人的教学策略。

发展需要的、与数学有关的关键能力和思维品质,这何尝不是数学学科的浪漫?

作为南宁三中的数学老师,我们的教育教学目标要坚持解决"培养什么人、怎样培养人、为谁培养人"这一教育根本问题,念念不忘追逐"真·爱"教育梦想,让学科教学浪漫不落窠臼。

学生心语

回忆在南宁三中的学习过程,我体验了两种生活:一种是如鱼得水的初中阶段,一种是自我怀疑的高中阶段。经历了高一、高二混沌的时光,临近高三,我也不可避免地感到慌张,也就是在这时,韦国亮老师从河池调来了南宁三中,成为我的第三位班主任。彼时的我,敏感、焦虑、自负,长期沉浸在自我精神的内耗中。韦老师很懂得鼓励人,也很愿意融入学生中。我至今记得,他第一次找我谈话,是在我数学一模考了30分的时候。那次考试我是班里数学倒数第一,要知道我还自认为复习得不错。那次谈话,我穿了一件绿色T恤,胸前是个背着贝斯、顶着爆炸头的贝斯手。韦老师开头第一句就是"唉,你这图案蛮帅的啵",不标准的普通话说出口,瞬间释放了我很多压力,同时也将我和老师联系在了一起。

成长过程中,难免经受很多次失利,难免承受很多人的非议,在这样的泥淖之中,愿意拉你一把的人很少。我很幸运,在高中的最后一年,在这场中学时代终章大考来临前,遇到韦老师。逆袭的路不是一帆风顺的,更不是一蹴而就的,在这过程中韦老师除了耐心地解答我的非常基础的问题,还时常与我长谈,关心我的精神、心理状态,为我注入强心剂,让我直至交卷最后一刻都满怀能脱颖而出的信心,这比什么都重要。

韦老师的数学教学,突出特点是讲解细致、重基础、讲应用,把复杂的理论掰碎讲解,对于基础薄弱的同学来说非常友好。此外,韦老师配套的耐心的课后答疑也非常重要,他对概念、基础题型的手拿把攥,为后续我能够在那一年较难的高考试卷中脱颖而出打下非常好的基础。

词不逮理,感激之情难以言表,唯有岁月如歌可共回首。滚滚向前,时而追忆,回味无穷。

——陈奕丹

明察数学规律　真爱铸就英才

—— 庞启满

为了爱，施于爱，本着"立德树人"的根本理念和南宁三中"真·爱"教育的思想，把爱心、细心、耐心、责任心倾注在每一个学生的身上，做学生心中温暖可爱的"满满"。

庞启满，高级教师，南宁市学科带头人。荣获2021年南宁三中"我最喜爱的班主任"称号，所带班级2020年、2021年连续两年获得卓越班集体奖，个人获卓越学生指导奖，2021年获得个性发展优秀生指导奖和南宁三中优秀教师、优秀共产党员等荣誉。所教的学生莫凡人在2013年高考中取得理科总分682分，为广西理科最高分。所带班级的学生陈可在2021年高考中取得文科总分682分，为广西文科卷面分最高分；刘进成在2021年高考中取得数学148分，为广西文科数学最高分。培养了一批德才兼备的新时代人才。

从高一数学的62分到高考数学的141分!

谭心琪是2021届22班的文科毕业生,2021年8月就读于北京大学中国语言文学系。数学一直是她的短板,狠狠地拖了她的后腿。在她读高三时,我做了她们班班主任,我清晰地记得,她的高二历次月考数学平均分为109分,而在高一上学期她的数学大多才六七十分,最低时考过62分。最终,她却在2021年的高考中取得了数学141分的好成绩。以下是我与谭心琪同学在她高三这一年的教学故事。

一、告诉她学习的真相

学霸们的学习方法大同小异,学习的方法之所以类似,是因为这些方法都是建立在人脑的客观规律和学习的真相上的。换句话说,只要遵循人脑的客观规律,认识到学习的真相和本质,他们的学习方法就是高效的学习方法,也一定能实现知识的积累和分数的提高。

人脑的第一个客观规律就是学生的思路是需要靠不断重复来构建的。比如学生在接触一个新概念时,他们对它感到陌生,甚至会对它产生抵触情绪。学生在第一次学习导数的概念并且开始做题的时候,会感到手足无措,大脑一片空白,甚至不知道思路该从哪里开始。当谭心琪写了几天作业、听了老师的讲解之后,会习惯于首先注意到题目中的定义域,接着对式子求一阶导、二阶导,最后一步一步地把这道题做出来。当她再认真学习导数一段时间,会发现大脑好像已经养成了肌肉记忆,看到题目时,脑中自然而然地就会浮现一条清晰的思路。

人脑的第二个客观规律就是学生会不可避免地遗忘。数学公式总是背了又忘,忘了又背,怎么办?我很负责任地告诉谭心琪,只要是人,就会遗忘。哪怕是考上清华大学、北京大学的学霸,记忆的知识长时间不复习也会忘记,再熟悉的做题技巧一段时间不回顾也会生疏。所以,当学生不断地遗忘时完全不需要感到气馁,也不要感到怨恨和厌烦,因为这是学生无法改变的客观事实。但换个思路,如果他们可以抵抗生物遗忘的本能,在忘记之前再背一次,在生疏之前再复习一次，就可以在记忆上获得优势，进而在理解上更进一步。

二、告诉她老土但有用的方法

（一）仔细看课本

其实课本上有很多内容都对学生透彻地理解概念非常有用。不妨试着细读概念的解释和推导内容，跟着编者的思路来理解和记忆概念。若对概念和知识点理解透彻、烂熟于心，在课后做题时就会发现如有神助、思路清晰。另外，若想考查自己对知识点的理解程度，可以尝试用"费曼学习法"，对同桌讲述知识点和讲解例题。如果发现自己的思路没有卡顿，表述非常流畅，同学也表示理解了，那就说明自己对知识点的理解已经过关了。

（二）认真写作业

学生都知道要认真写作业，但是究竟要做到什么程度才算认真？在学习一个概念的初级阶段，也就是在一轮复习开始前，对待每一个板块的作业，我要求谭心琪做到把每一道题（特别是基础题）的过程和结果都自己算一遍、写一遍，直到弄懂为止。另外，在写作业时，还有一些技巧可以辅助提高做题的质量，培养学习动力和良好的做题习惯。比如，将草稿纸分区，按顺序整齐地写步骤；做作业时将计时器摆在旁边，并在题号的左边标上自己做每道题的用时，做到对自己的做题速度心里有底。

（三）认真做错题本

如果觉得"错题本"这个说法比较土，不妨把它

精彩教学记忆

当庞老师上课讲到证明 $\ln x > \dfrac{1}{e^x} - \dfrac{2}{ex}$ 这道题目时，我心中先是涌起一阵疑惑，如果单单是移项设新函数，那 $f(x) = \ln x - \dfrac{1}{e^x} - \dfrac{2}{ex} > 0$ 肯定不好求导。而如果对 $\ln x$ 进行放缩，那不等号的方向又会相反，怎么办呢？做了好久没做出来。只听老师娓娓道来："注意这个不等式没有等号，说明找不到极值点。那么，可以考虑放松或者分别求左边的最小大于右边的最大。这题比较特殊，我们平时经常说对数'单身狗'，指数'找朋友'，尽量让对数独立成项。但这题如果让对数独立，左边 $y = \ln x$

是没有最小值的，那怎么办呢？想要左边的最小大于右边的最大，需要两边同时乘以 x，构造出 $x\ln x > \dfrac{x}{e^x} - \dfrac{2}{e}$。这样，就可以分别求出左边的最小和右边的最大了。"这就是函数的凹凸性，也就是函数图像的凹凸反转。我恍然大悟：对一道导数不等式的证明，首先要看有没有等号，再考虑选择证明方法。证明时不能仅仅依照原有的结论生搬硬套，要具体问题具体分析，找到解答题目的正确思路和解法。数学课就在这一次次恍然大悟中不知不觉地度过了。

——林锦丰

称作"错题系统"。我告诉她只要做题，就一定会做错题，而为了实现不要再做错题的目标，必须要了解自己习惯做错什么题，为什么错，才能有针对性地解决问题。那么必须要建立错题系统并对其进行迭代和升级。换句话说，错题非常有价值，借助错题本建立错题系统也非常有必要。

我给了谭心琪第一种错题本的制作模式：知识板块模式，顾名思义，就是按照知识板块对错题进行分类。具体做法：按照错题所属的知识板块将错题分类，用索引贴将错题本分成不同的部分，然后按照知识板块粘贴错题，并在错题下的空白处用黑笔写上自己的解答，在自己思路中断或者对概念不明晰的地方用红笔标注，最后将相关的知识点或者概念的具体内容、记忆技巧、做题习惯等自己认为需要的一切细节用蓝笔写在题旁。

第二种错题本的制作模式就是考试模式，即以每一次考试为单位进行错题整理。这样做的目的是通过回顾自己在考场上做错的题目，归纳总结自己在考试状态下的不足之处，包括但不限于知识点的理解程度、考试技巧和应考心态，针对这些问题进行攻克，为下一次考试做好准备。具体方法：将每一次考试的错题裁下，先写上考试名称、日期、分数和排名，再按照题号顺序依次粘贴错题、重写解题过程，其余均和第一种模式一样。写完所有错题之后，再根据自己这一次考试的状态（做题熟练度、心态、时间分配等）撰写本次考试的总结，归纳自己的错因，写下下次考试可以改进的地方。

最后是错题本的使用方法。每周用固定时间翻看上一周的错题，并重做自己依然没有十足把握的题目，考前重点翻看上一次考试的错题，强化对正确考试习惯和技巧的运用。另外，要定期清理错题本，将已经会做的、有十足把握的题目从错题本中拿出，精简错题系统。

（四）勤于提问，乐于讨论

我不断跟谭心琪强调有疑惑时不要害怕和懒于提问。有些题目冥思苦想几个小时没有结果，但老师提点一下就可以顺畅地做出来，这是因为老师富有经验，并且擅于从宏观层面上指导学生，让学生明晰知识中的重点和难点，熟练运用高效的解题技巧和考试技巧。我告诉她也可以和要好的同学成立学习小组，搭伙学习，讨论问题。

三、坚持最重要

最后，我要求谭心琪一定要坚持学习。学习方法是无穷无尽的，无论是基础的"土办法"还是看似新潮的"××学习法"，都要辅以"坚持"这一味药，才可以彻底治好学生的学习之痛。学习要坚持才可以见效果，学习的过程是挑战人体本能的过程，一定会遇到痛苦和困难。所以，枯燥乏味和费时费神总是难免的。也正是因为学习需要坚持，坚持到最后的人一定会获得不菲的回报，谭心琪最终获得了很好的回报——考取了北京大学中国语言文学系。

学生心语

满满的笑，在我心里是独一无二的，每次捧着错得令人汗颜的试卷来到她面前，迎接我的总是阴阳怪气的"嘲笑"和耐心细致的分析，附加一个大大的微笑，给我温暖和自信。满满总是不吝啬给我们最真实的笑，她总喜欢挽着我们的手，挑起眉，露出八颗牙齿，笑得天真无邪，自由自在。她的笑，曾陪伴我度过最迷茫的日子，曾是我晚自习下课后仍坚持留下的动力。满满的笑，就是山花烂漫，就是我心中所爱。

——陈可

您说您不会讲人生道理，但是您的人生故事和生活态度就是最好的道理。您的爽朗达观、积极踏实感染了所有人。三言两语见真心，一心一意无遮拦。好的人幸能相互选择。这条长征路感谢您带我们走下去。

——张郑奕

老师，我好喜欢像抱我妈妈那样抱着你，感觉你是一个小太阳，总能给人大大的温暖，你做我们班主任以后，感觉在这样的班集体里总有一种幸福感，总能有被关注、被关心的感觉。老师，我敢说，没有人比我更爱你了。

——李心澜

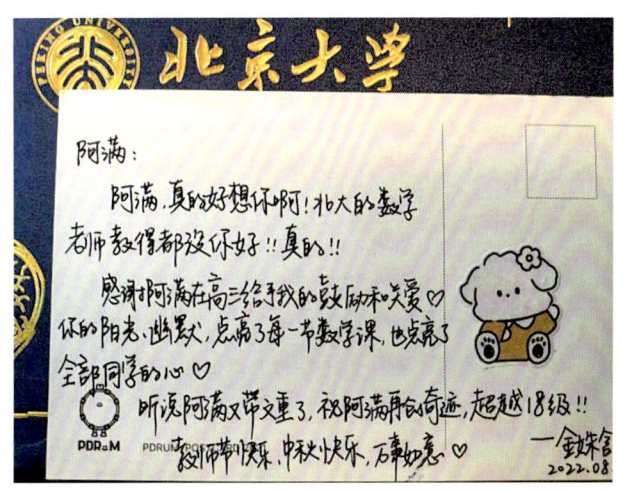

趣味数学 熠熠生辉

—— 刘 辉

> 每个人都是可塑之材，教会学生思考，为学生打下扎实的数学基础，拓展学生的思维，渗透数学思想，将学生培养成国家需要的人才。

刘辉，武汉大学研究生毕业，南宁三中数学教研组组长，数学奥赛教练，南宁三中2018届、2021届和2022届高三数学备课组组长，高三特训班教师。曾荣获高中数学南宁市优质课比赛一等奖，中国数学会高中数学联赛优秀教练员，2届南宁三中"我最喜爱的教师"和3届南宁三中"奥赛金牌教练"。执教13年，有7届高三教学经验，曾在《中国数学教学参考》《广西教育》等杂志发表多篇论文，培养出一大批获得全国高中数学联赛自治区一等奖的学生，部分学生进入全国高中数学联赛省队并考上顶尖大学。

精彩教学记忆

在导数的学习中，我们需要熟练掌握一些常见的不等式，如 $x>0$ 时，$\frac{x}{1+x}<\ln(x+1)<x$，$\sin x<x$，对数平均值不等式，泰勒展开式，等等。利用这些常见的不等式，对函数进行适当放缩，可以将复杂的函数结构变得简单，从而转化为我们熟悉的容易处理的结构，进而解决问题。

例1.（2015年山东高考）设 $f(x)=\ln(x+1)+a(x^2-x)$，其中 $a\in R$。若对 $x>0$，$f(x)\geq 0$ 恒成立，求 a 的取值范围。

问题1. 本题属于不等式恒成立问题，分离变量法和直接求导分类讨论都比较复杂，我们换种方法，题中含有对数式 $\ln(x+1)$，想把超越式 $\ln(x+1)$ 处理掉，你能想到哪个与 $\ln(x+1)$ 有关的常用不等式？

当 $x>0$ 时，$\frac{x}{1+x}<\ln(x+1)<x$，可以通过放缩将多数式转化为有理式，降低难度。

解：利用常见不等式，$x>0$ 时，$\frac{x}{1+x}<\ln(x+1)<x$（证明略）。

① 当 $a<0$ 时，$f(x)=\ln(x+1)+a(x^2-x)<x+$

钟意是我的爱徒，是2021届21班的学生，2021年高考考入北京大学光华管理学院。从高一到高三，我一直是他的数学科任教师，这3年当中，我领略了他的率性，感受了他的随意，目睹了他的彷徨，见证了他的努力，看到他由一个略有"佛系"的青年，经过南宁三中3年的洗礼，变成了一名杰出的青年。他从美丽的南湖湖畔走到了名满天下的未名湖边，步伐坚定而有力。

坚定信念

钟意同学是一个非常聪明的学生，初来南宁三中时，虽没拼尽全力，但他的成绩始终都能保持在年级前列。由于他是数学科代表，平时和我接触较多，慢慢熟悉后，我俩开始无话不谈。我这才知道他偶尔也玩游戏，认为高考只要能考上中山大学就满足了，所以也没必要那么拼。于是我就给他灌鸡汤："人生有一种遗憾，叫作'我本可以'，根据我的经验，你一定能考上比中山大学更好的大学。你要拼尽全力，不要轻易就满足，多努力会有更多可能，要'会当凌绝顶，一览众山小'。"在日常生活中，我反复鼓励他树立更远大的目标，提醒他容易出现纰漏的地方，劝诫他尽可能减少玩游戏的时间，在恰当的时候给他讲往届优秀学长、学姐的故事，将朋友圈中优秀大学生的精彩生活分享给他。慢慢地，他有了改变，目标远大了，玩游戏的次数也少了，开始拼起来了，基础也更扎实了。在2020年7月，他主动参加了北京大学暑假学堂，趁此时机，我送了4个字给他——"志在必得"。

鼓励陪伴

钟意同学在进入南宁三中后就开始学习数学竞赛知识，作为竞赛学生，他每周都要花很长的时间学习复杂的数学竞赛知识。随着学习内容越来越多，学的知识越来越难，他的压力也越来越大，经常担心没有足够时间复习日常学习内容，进而会影响考试的排名，尤其纠结在"学竞赛知识会占用大量的学习时间，万一在竞赛中最终没能取得理想的成绩岂不是竹篮打水一场空"的问题上。在他高三时参加的全国高中数学联赛中，他只获得了二等奖，那段时间他很失落。我多次鼓励他"无问西东"，并了解往届优秀学生的考试情况，详细地分析给他看：学数学竞赛知识对高考数学有帮助，我们学的竞赛知识跟高考是相通的，难度高于高考，而且学习竞赛知识能锻炼心理素质，在竞赛中摸爬滚打的人能从容面对任何难度的考试。很多事情做了不一定能成功，但不去试试永远不能成功。既然竞赛没有取得理想的成绩，那就拼尽全力搞好高考，弄清自己的薄弱环节，全力以赴。

配套定制

进入高三后，大家的学习开始变得忙碌起来，钟意同学顺利进入了理科特训班。为了给他们打好基础，我开始给他们进行"每日一练"。刚开始时，我每天给他们布置4道中等难度的选择或填空题和一道基础的解答题。随着复习的深入，他们的数学练习题难度也越来越大，后来的"每日一练"就变成了每天做一道圆锥曲线或导数题。在复习中我又提高了上课的难度，

$a(x^2-x)$，右边为开口向下的二次函数，不符合题意。

②当 $a=0$ 时，符合题意。

③当 $a>1$ 时，$f(x)=\ln(x+1)+a(x^2-x)<x+a(x^2-x)=x[ax-(a-1)]=ax\left(x-\dfrac{a-1}{a}\right)$.

则当 $x\in\left(0,\dfrac{a-1}{a}\right)$ 时，$f(x)<0$，不符合题意。

④当 $0<a\leq 1$ 时，$f(x)=\ln(x+1)+a(x^2-x)>\dfrac{x}{x+1}+a(x^2-x)=x\left[\dfrac{1}{x+1}+a(x-1)\right]=x\cdot\dfrac{1+a(x^2-1)}{x+1}=x\cdot\dfrac{ax^2+(1-a)}{x+1}>0$，符合题意。

综上，$a\in[0,1]$.

例2.（2022年广西名校模拟第20题第2问）已知函数 $f(x)=\ln x+\dfrac{a}{x}$，$g(x)=e^x+\sin x$，其中 $a\in R$，若 $a=1$，证明：$f(x)<\dfrac{g(x)}{x}$.

分析：要证明 $f(x)<\dfrac{g(x)}{x}$，即证 $\ln x+\dfrac{1}{x}<\dfrac{e^x+\sin x}{x}$，即证明 $e^x+\sin x>x\ln x+1$，

问题1. 对于这个不等式，你有什么想法？

由于题目中既有指数式 e^x，又有三角函数 $\sin x$，还有对数式，直接求导不易处理，如果能得导关于 e^x 和 $\sin x$ 的常见不

等式就可以通过放缩法简化函数结构，降低难度。

问题2．关于指数式 e^x，三角函数 $\sin x$ 的常见不等式，你最容易想到什么？

想到泰勒展开式，利用泰勒展开式可以得关于 e^x 和 $\sin x$ 的常见不等式。

解：要证明 $e^x+\sin x > x\ln x+1$，我们对不等式左边进行放缩，

先证：$x>0$ 时，$e^x>1+x+\frac{1}{2}x^2+\frac{1}{6}x^3$ 且 $\sin x > x-\frac{1}{6}x^3$

设 $h(x)=(1+x+\frac{1}{2}x^2+\frac{1}{6}x^3)\cdot e^{-x}$，$(x>0)$，则 $h'(x)=-\frac{1}{6}x^3\cdot e^{-x}<0$

则 $h(x)$ 在区间 $(0,+\infty)$ 上单调递减，故 $h(x)<h(0)=1$

即 $h(x)=(1+x+\frac{1}{2}x^2+\frac{1}{6}x^3)\cdot e^{-x}<1$，故得 $x>0$ 时，$e^x>1+x+\frac{1}{2}x^2+\frac{1}{6}x^3$ ①

设 $\varphi(x)=\sin x-x+\frac{1}{6}x^3$，$(x>0)$，则 $\varphi'(x)=\cos x-1+\frac{1}{2}x^2$，$\varphi''(x)=-\sin x+x>0$

则 $\varphi'(x)$ 在区间 $(0,+\infty)$ 上单调递增，故 $\varphi'(x)>$

每一题都尽可能地拓展，以此提高学生应对难题的能力。钟意的数学成绩稳定在135分左右，但还不够拔尖，我发现他做选择题和填空题不是很稳定，偶尔会出现错误。我找他了解情况，他说因为平时准确率不是特别高，所以考试会紧张。为了解决这个问题，我统计了他十几次出错的板块并了解原因。针对他出错较多的板块，我给他找了很多选择和填空的训练题，顺带加大了点难度。他也是很争气的，我找的题他全部做完，一套平均难度0.15的考题，20道题他全部做对了，这也极大地提升了他的信心。选择题、填空题准确率提高后，圆锥曲线和导数题就成了他最后的绊脚石。我将自己买的压轴题的书拿给他，给他勾画了一些他不是很确定的题目，让他做完后和我沟通，分析得失。我又找了一些类似的外省的训练题目给他，让他反复训练。经过一两个月的努力，他慢慢啃下了这两块难啃的硬骨头。后来，我又发现他的答题不够规范，有些表述不够精练，总是被扣去1分或2分。我就找他过来灌鸡汤，让他先重视这个问题，认识到改进的必要；我还找到近年解答的评分标准，细致地给他分析，数学解答题就是要写清楚"知识、过程、结论"。他经过研究国标和模拟考的解答，对比自己的表述，再经过我多次"吹毛求疵"的"挑刺"，最终他在高考中的表现非常完美，数学考了147分。

在我与钟意同学3年的相互陪伴中，我享受了幸福的教育，也享受了教育的幸福。我将继续努力，为国家培养更多的人才。

学生心语

辉哥好！辉哥细致而有深度的讲解让我高中三年的数学学习都充满乐趣、充满动力、充满收获，更为我即将学习的大学数学课程打牢了基础，而辉哥的关心也在不断激励我。在这个特殊的日子，祝辉哥教师节快乐，祝三中新高三再续辉煌！

——2018届21班蒙瑞俊

回想起来，我们师生之间，严肃的时候少，欢笑的时候多。我们之间嘻嘻哈哈没什么压力，我也和大家一样叫他"辉哥"。他总是笑着，笑着给我们精心搜罗来好题，笑着给我们讲解，笑着鼓励我们，说我们是世界上最棒的学生。真的吗？明明他才是世界上最棒的老师。离开三中到清华以后，我总是回想起那段时光：我上着晚自习，一抬头，看见他坐在走廊昏黄的灯光下，一边细心地批改着什么，一边笑。

——2018届21班谢子怡

$\varphi'(0)=0$，

故 $\varphi(x)$ 在区间 $(0,+\infty)$ 上单调递增，$\varphi(x)>\varphi(0)=0$，即 $x>0$ 时，$\sin x>x-\frac{1}{6}x^3>0$ ②

由①②可知当 $x>0$ 时，$e^x+\sin x>(1+x+\frac{1}{2}x^2+\frac{1}{6}x^3)+(x-\frac{1}{6}x^3)=1+2x+\frac{1}{2}x^2$

故要证 $e^x+\sin x>x\ln x+1$，只需证 $1+2x+\frac{1}{2}x^2>x\ln x+1$，即证 $2+\frac{1}{2}x>\ln x$ ③

设 $r(x)=2+\frac{1}{2}x-\ln x$，$(x>0)$，则 $r'(x)=\frac{1}{2}-\frac{1}{x}=\frac{x-2}{2x}$

当 $x\in(0,2)$ 时，$r'(x)<0$，$r(x)$ 单调递减；当 $x\in(2,+\infty)$ 时，$r'(x)>0$，$r(x)$ 单调递增，

故 $r(x)\geqslant r(2)=3-\ln 2>0$，故 $2+\frac{1}{2}x>\ln x$ 成立。

故 $e^x+\sin x>x\ln x+1$ 成立，即 $f(x)<\frac{g(x)}{x}$ 成立。

总结：适当放缩，可以快速将指数式或对数式这两种超越式与多项式建立关系，函数中不含有超越式，求导处理也就没有那么困难了。但放缩法对学生的能力要求很高，需要学生熟练掌握很多常见不等式，也需要学生熟悉各种函数

结构组合后的特点。在这种方法的教学中,教师要做好引导,通过不同的放缩来拓展学生的视野,开阔学生的思路,同时也要注重充分展示学生的思维成果,鼓励学生大胆尝试,乐于放缩,享受放缩法带来的满足感和快乐。

小辉辉(刘辉)老师的数学水平堪比应届"140+"高考生,你给他的题目他基本一看就会,高考范围内各种技巧和问题他全部精通。手写解导数、圆锥曲线题,一黑板的计算量他都轻松自如,令清北学子汗颜的难题他亦长刀直入,斩于马下,以至面对今年人人喊难的高考数学,在我们班却是人人喜笑颜开,这还没有我们周测的一半难!

——2019级21班周彦丞

英语

"沉浸式"英语教育让教学相长

——傅 嘉

教育无他，唯爱与榜样。希望我的学生能在我的引领下，成长为心中有爱、眼里有光、热爱生活、能创新、有担当的新青年。

傅嘉，正高级教师，自治区优秀教师，南宁市学科带头人，南宁市教学骨干，南宁市教育系统优秀共产党员，南宁市优秀班主任，南宁市教育科研先进个人。曾获全国中学英语教师教学技能大赛一等奖，南宁市高中英语优质课比赛一等奖。所带班级3次获评南宁市先进班集体。主持自治区级A类课题和市级课题并已结题，多篇论文获奖并发表。

教学育人，春风化雨。秉承"真·爱"教育的宗旨，同时激发学生的学科兴趣，提升学生的英语学科素养，师生间"教学相长，观摩从同"成了英语教学的有力选择。教师是课程的传授者，更是学生进入知识殿堂的引路人。在教学中，结合实际情况和课程需求，开展"沉浸式"英语教学，把英语从教科书中提取到教学氛围中，从试题中提取到生活中，让学生理解并喜欢上英语，提升其综合素质。

首先，"沉浸式"英语教学要拉近学生与学科的距离。在课外，学生应用英语的时间和机会是较少的，所以在课上，迅速使同学们进入语感状态十分重要。在课前播放英文科普小视频，可以让学生从国内外的风景、人文入手，在具体的景物和清晰的表达下了解英文句式的倒装特点。近年来，高考英语经常有一篇文章是关于陌生地域、文化的应用文，而学生提前了解并熟悉介绍模式，就可以把抽象陌生的变成熟悉具体的。我给学生播放央视出品的纪录片《美丽中国》，通过视频，学生感受到中国美丽壮阔的自然景观，汲取文化，开阔视野。在视频学习中，学生的人文素养和英语同步提升，学会了用英语描绘祖国的大好河山。

其次，"沉浸式"英语教学要提升学生的学习兴趣。通过TED演讲、CGTN（中国国际电视台）英语纪录片、英语时文阅读，学生一览天下大事，眼耳并用，拓宽国际视野。在课后，为学生订阅《二十一世纪报》等综合性报刊。英语报刊中的文章题材广泛，有中学生感兴趣的新闻、热点话题，有适合中学生阅读的有关文化、历史、现代科技等文章，题材多样，内容丰富，文字难度适中，篇幅长度灵活，体现时代特色，形式富有趣味性，图文并茂，生动活泼，与生活紧密相连，能引起学生共鸣。通过读写和获取信息，让学生在兴趣中创造良好的英语学科氛围。学生不仅能通过报纸了解实时新闻，还能通过阅读报纸上地道的英语表达从而学习文章表达、英语语法以及认识新单词。英语学科是学生以后了解信息、沟通世界的工具体系。教师从兴趣层面切入教学，实现课外提升，有助于发挥学生个体的主观能动性。我组织学生进行课内外文化信息的复述交流，在分享自我所学的同时，提升口语能力。当然，教师的补充讲解、纠正和引导作用也需要充分发挥。教师要适当给学生补充一些贴近生活、时代气息浓厚的课外阅读材料，这既是对教材的一种拓展，也是让学生学以致用、与英语的真实语言使用环境接轨的良好方式，在引导学生阅读的过程中实现思维品质的正向引领。

再次，"沉浸式"英语教学需要让学生在体验中具有融会贯通能力。在高一、高二英语小说单元学习结束时，我会为同学们举办一场英语课本剧演出活动。在这里，有《牛郎织女》这种传统故事的新式改编，也有《百万英镑》里标准英伦腔的绅士风格。寓教于乐，我和同学们一起鼓掌、一起欢乐、一起创新，学生得以自主创造应用英文的环境。我想到曾经教的英语课文《皮革马利翁效应》，学生们有活动、有平台去发挥自己的活力，又何必担心学生课后没有学习英语的动力呢？那位一口标准英伦腔，积极为同学们解决问题的学生，在高考拿到了英语满分150分的好成绩。这与其平时在学习过程中培养的融会贯通能力密不可分。我们班同学在多次英语考试中均取得了亮眼的成绩。对于部分考试发挥失常的同学，老师会进行试卷面批谈心，让他们不至于失去学习英语的信心。高考完之后，我相信对英语的融会贯通能力也将让他们在学科路上越走越远，越飞越高。

最后，"沉浸式"英语教学需要增强学生学以致用的应用能力。高三备考的时候，也是老师辅导最频繁的时候。我与同学们去听优师讲座，请别的年级老师协助辅导。晚自习的台灯，映出的是学生一张张等待答疑解惑的脸庞。我看着同学们的英文写作内容越来越丰富，字体也从幼稚粗糙变得端庄秀丽。密集的讲

精彩教学记忆

2021年11月7日凌晨，英雄联盟全球总决赛落下帷幕，中国战队EDG最终以3∶2战胜朝国战队DK成为最后赢家。一时间，EDG夺冠成为同学们热议的话题。在英语课上，我主动询问大家"Did you know EDG win the 2021 League of Legend World Championship? What does EDG stand for?"，这一问题引发了同学们的学习热情。通过播放同学们感兴趣的电子竞技赛事和引起热议的解说员的新闻，让同学们了解了时事，也锻炼了英语听力，并提升了专注力。通过学习英语新闻，创设有别于课文的英文语境，让同学们学会抓取有效信息，提高听力水平。

播放视频后，我让同学们用英文简要复述新闻内容。泛听结束后，我鼓励同学们在学习小组内发言，运用新闻原句或以不同的方式提炼事件的主干，试着表述赛事的过程和结果。同学们获得珍贵的英语发言机会，既能交流大家感兴趣的话题，又能在复述中感受英文发言的氛围，克服日常口语交流的恐惧，适应英文的信息转换，提高口语能力。

之后，我再次播放视频，

让同学们完成细节信息理解。我让同学们精听音频，试着抓住细节，理解初期易忽略的连读、轻读的内容，再对照文本，积累生词，理解新闻中快速、易混淆的词组和句子。通过反复地聆听，同学们渐渐掌握了音频的每一处细节，可以进一步地熟悉新闻语段的表达。

分析常用句式和重要语法。我给同学们创设情境，让他们运用新闻中的句式写出句子，描述场景。同学们学习到了更地道、更能应用于日常的词汇句式，也理解了此情境下口语和书面表达的差别，提升了写作能力。

在英语课上，我给同学们分享时下的英文报道视频，让同学们在适应较快的新闻语速，慢慢熟悉日常交流的发音技巧并拓宽视野的同时，逐步积累地道的英文表达。

评课主要以小组合作学习的方式开展。一方面，通过小组讨论的形式让同学们交换自己的解题思路、答题方法；另一方面，设立小组的英语学科带头人来辅助大家学习英语。"先由老师解决学科带头人的问题，再由学科带头人解决同学们的问题"已经成为课上和课下同学们学习的常态，这样的学习方法可以提高学习效率，达到事半功倍的效果。在课堂上，我请同学们分享自己的答案并提供解题思路，这样一来，不仅课堂的气氛变得更加活跃，而且同学们也能在发言中锻炼口语和胆量，还能把自己的解题好方法分享给大家。分享式学习能引发同学们的共鸣，加深他们对知识的理解与掌握，为他们答题提供了更多实用的方法。同时，针对书面表达，我也会组织同学们进行小组合作作文交流，众思众议，各取所长。我还给同学们提供作文评价量表，使学生自评与互评相结合。最后，我把小组的合作成果张贴在教室后面的墙壁上，供大家学习交流。在备考阶段，最主要的是巩固和提升，在练习中提升，在考试中应用。教师要帮助学生在注重英文应用的同时增强文化表达差异下的共情能力，实现对知识的理解和应用。我目睹同学们在备考时的良好状态，不禁感慨，英文应用于考试，却不止于考试。我相信每个学生都是有灵气的孩子，以教学为引领，配以高质量的练习，是学生英语应用能力提升的钥匙。

新时代对学生的综合能力发展提出了更高的要求，英语教学也同样需要素质教育。好的英语教育如甘霖，使学生一生受益匪浅。在教学中，教师要多去耐心了解、指引、陪伴学生，为学生设计良好的课堂与练习。

以德育育人，"沉浸式"英语教学，陪伴式的英语教育，增强了学科素养，使学生从教育中汲取力量，应用到个人的发展与事业中。

学生心语

Julia你好！还记得在课堂上，你鼓励我给同学们讲解练习，然后你再进行补充和拓展。这既激发了我学习英语的积极性，又加深了我对知识点的印象，丰富了我的知识储备，培养了我的做题思维。在课堂之外，我经常到办公室里向你请教问题，你总会耐心地给我答疑解惑。尤其是高三一年你对我的心理疏导，让我始终自信地在跑道上全力冲刺。你用行动阐述了三中"真·爱"教育的真谛，如今回忆令我感慨万分。最后祝Julia工作顺利，祝三中永续"真·爱"辉煌。

——2019届23班林有嘉

傅老师您好！您生动且有趣的课堂教学、亲切又细致的课后辅导，让我原本视为累赘的英语成绩突飞猛进；而您循循善诱的谈心更是让我在迷茫之时找到了前进的方向。感谢您为我的学业付出的汗水，让我打下了扎实的英语基础；更感谢您让我坚定了目标，鼓励我继续前行。您的关心在大学中也时刻激励着我。值此教师节之际，祝您教师节快乐、身体健康、事业有成，也祝南宁三中五象校区越来越辉煌！

——2019届23班黄磊

亲爱的傅老师您好！与您相处的一年是如此短暂又如此让人留恋。在高三这段让人难忘的奋斗岁月里，有您这样一位像妈妈一样的老师是何其温暖人心。您不但督促我们学习，还鼓励我们锻炼，用关心和鼓励点亮我们的成长之路。Best wishes to you！

——2017届24班覃镜蓉

英文之美

—— 杨小菊

做有情怀的教师,创有温度的课堂;做有大格局的教师,育有国际视野、家国情怀的学生。

杨小菊,教育硕士,正高级教师,广西教学名师,特级教师,南宁市教坛明星,南宁市学科带头人,广西21世纪园丁工程(A类)骨干教师,南宁三中"我最喜爱的教师"。曾通过国家留学基金管理委员会选拔公派到加拿大北阿尔伯塔理工学院进修。曾获全国中小学英语教师教学技能大赛一等奖、广西高中英语课堂教学展评一等奖。曾主持4个并参与5个国家级、自治区级、市级课题。担任南宁市高中英语学科兼职教研员、高三英语学科中心组成员以及广西高中英语学科中心组成员多年,为自治区教育厅教师培训中心教师培训专家。

有时候，我听到学生说，英语要记那么多单词，学那么多语法，刷那么多试题，但愿高考后不要再碰这门学科。真是这样吗？我希望我的课堂里，散发着咖啡香气的英文有着浪漫情怀，有着可以意会的美；而我的学生，能透过咖啡的香气，品鉴这份浪漫美。

英文之美在音韵

音韵里，英文的元音柔美、充盈，辅音强劲、有力。读一读"the water spilled drop by drop over the rim"这样的句子，你会读出"spilled"中的/d/与"drop"中的/d/的辅音同化，那么的自然；而在"the milk spilt all over the fioor when she dropped the bottle"中辅音/t/的使用蕴含着一种更加强烈的"紧迫感"，"spilt"就比"spilled"显得更加悦耳。

音韵里，有着如诗一般悦耳动听的押韵。押韵在我们朗读"Well begun well done"和"No pains no gains"的时候；押韵也在我们欣赏标致（Peugeot）汽车广告词"the drive of your life"的时候，"drive"和"life"的中间元音/ai/就是一种押韵，可以是"life drive"也可以是"drive life"，可以说"Peugeot drives your life"（标致汽车驾驶你人生的方向），也可以是"Peugeot is your life drive"（标致汽车是你人生驾驶的选择）。

音韵里，有着英文的语音语调。语调中有重音与非重音之别，重读与轻读、升调与降调之异。调有高有低，音调也有长有短，犹如音乐一般的节奏展示着我们的轻松、沮丧、肯定和犹豫，在音节、音步、停

精彩教学记忆：大声喊出你的名字

2017年2月，我被一则外媒报道所吸引。

报道的内容是美国哥伦比亚大学学生宿舍内发生疑似针对中国留学生的门牌被撕事件。在美国，不少高校学生习惯在宿舍门上张贴写有自己名字的门牌，以方便彼此串门。据称，有人故意撕毁了那些看起来明显不是西方名字的亚裔学生宿舍门上的姓名牌。事发后，几位中国留学生拍摄了英文视频《说出我的名字》，在短片中用中文说出自己的名字，并且用英文解释其中的含义。

深受触动的我决定在课堂上也请学生解释自己名字所蕴含的意义，加强对自己的身份认同。

第一步，听力训练。导入英文视频《说出我的名字》。在听力训练中了解哥伦比亚大学中国留学生名字意义的同时，让学生感受他们面对歧视的时候为自己发声的理性。设计这个步骤的目的是让学生明白，名字是人的生命开始的第一个标签，不是一个毫无意义的符号，它凝聚着父母对孩子的深情厚意和殷切期望，隐喻着不同的理想抱负。作为生命

的起点，名字还深深扎根家族、国家、文化等土壤，象征着"我是谁？我从哪里来？"。

第二步，口语训练。在这一步骤中，我让学生用英文说出自己名字的意义。在他们自豪的述说中，我知道了"星辰"是说父母希望孩子像日月星辰一样灿烂美丽；"彦庭"中的"彦"字表示有才德、有才学，"庭"在古时指院子、厅堂，"彦庭"寓指才雄德茂、功成名就；"启博"中的"启"指东方天空的金星，"博"指博大，"启博"寓意为博学多才，前途光明……向世界讲述自己中文名字背后意义的方式朴实无华，却可以让偏见消除、让价值传播。

第三步，写作训练。综合前面的听力训练、口语训练，我设计了这样一个作文主题：给外国人取中国名字。假定你是李华，你的美国朋友Gary Lee，准备来中国留学，想取一个中国名字，向你求助。请给他写一封回信，内容包括：1.中文姓名的特点。2.帮他取的名字，并说明理由。

设计这个步骤是因为随着中国更深入地走向世界，"讲好中国故事，传播好中国声音"成为无数中国人的心愿。给来华留学的外国人取中国名

顿中听者也感受着诉说者的情感。

英文之美在结构

英文字母的结构带着一种优美的曲线感。因为英语是一种拼音文字。26个英文字母中，有椭圆形，有半圆形，还有弯曲的形态。当书写这些字母的时候，这种曲线美会呈现一种柔美的感觉，写起来如行云流水。而在书本上，印刷体的英文字母则给人一种阳刚之美，显得刚劲有力，组合在一起整齐、活泼，令人赏心悦目。

英语语法的结构有着对称和平衡的美。在词组"day by day；day after day；one by one"这类结构中，介词作为中心桥梁，连接左右相同的词，形成一种轴对称结构，给人一种清新的视觉美。在"one and only（独一无二的），down and out（穷困潦倒的）"中，连词"and"为"对称轴"，通过两个或多个词的重叠来强化形容词的特点。

英文之美在简约

英文的简约之美在词汇，如缩略词"lab-oratory（lab），dormitory（dorm），advertisement（ad），dad（daddy），mother（mummy），goodbye（bye），good morning（morning）"等。英文的简约之美也在句子，如"the government belonging to the peoples supported by the people and working for the people"（一个属于人民的，受人民支持的，为人民服务的政府），句中省略了谓语。又如"When you're sipping Lipton, you're sipping something special"（饮立顿红茶，品独到风味），最精练的语言打造出内容深刻的效果，简约却不简单。

英文之美在意境

英文的意境之美在语言的形象、生动性。如："Looking away from the grow, I fixed my gaze on the distant mountains, where our adopted son had loved to go in search of the perfect trees."（目光移去，我凝视远山。我们的养子喜欢到那里去，去寻找他心中理想的树木。）

又如："Memoriesbright as a tropical bloom, fresh asa cool sea breeze deep as the unhurried sea. This s the Sheraton Bal Harbour Resort. Time steps to a different measure here, just for the two of you. Palm bordered beaches gently kiss the water's edge. Sunset dance night life sings under a star-filled sky; moonlight drips soft silver to tuck you in. This is the Sheraton Bal Harbour Resort. Where the days hesitate to end, and the memories linger forever."（记忆明丽有如热带的花卉，清新有如凉爽的海风，深刻有如起伏的大海。为了你俩，时间在这里放慢了脚步。棕榈树环绕的海滩轻吻浪尖。夕阳在波涛间翩翩起舞，夜之生灵在繁星密缀的天宇下歌唱；月华轻柔，流银泻玉，把你俩笼罩其中。这便是喜来登旅馆，在这里幸福时光恋恋不舍，美好记忆长萦心中。）

英文之美在幽默

很多西方人很幽默，英语的行文也是如此。如：

字，正是我们文化自信的表现，同时也是帮助对方更好地融入中文世界的方法。在文化多元的世界，我们拥有包含独特文化意蕴的名字，是一件多么值得自豪的事情。

"You cannot just take the turkey out of the freezer on Wednesday night and plop it on the counter, your guests will get food poisoning, and you feel less than thankful when the ambulance is rushing your reching dinner party en masse to the hospital."（感恩节的时候，你不能星期三晚上才把火鸡从冰箱里拿出来，扔在厨房的台面上，你的客人会食物中毒的。当救护车把你呕吐不止的客人火速送往医院时，你就来不及感恩了。）

英文之美在逻辑

英文之美体现在逻辑。单词的前后缀，句与句的连接与表达，等等。如"bio-"这个词根往往与生命相关，在此基础上加上不同前后缀，我们即使不认识某个单词，也能大概猜测出其意思。比如"-logy"这个后缀通常情况下与学科有关，"biology"就是生物学的意思；"-graphy"表示著作，两者组合在一起"biography"就是"传记"的意思。

英文之美在文化

语言是文化的载体。一种语言承载着一种文化。如英语中有"democratic（民主）、freedom（自由）、humanitarian（人道主义者）"等词语，13世纪的英国就有了议会，便是民主的最高体现。而英国人最自豪的便是他们的"自由"，他们个个都自称是"free-born English men"（生而自由的英国人）。

在英文名字中，"Flora"来源于古希腊神话中的花神。传说，花神Flora嫁给西风之神Zephyr之后，得到丈夫赠送的一座种满奇花异草的花园。到了万物复苏的季节时，花神Flora和丈夫Zephyr手挽手在园子里漫步，只要是他们走过的地方，那里的花都会盛开，百花齐放，争奇斗艳。如今，Flora在现代英语里用来指代"植物"，从而衍生出多个单词，比如，flower, floral, florist, flourish, flour, 等等。如果能听到这则希腊神话故事，在记单词的时候，本来枯燥乏味的单词会不会就瞬间变得容易记忆，脑海里会不会浮现出优美的画面？

当某人说"you have the ball at your feet don't miss it"，那并不是他的脚上有个球，不要丢了这个球的意思，而是稳操胜券的意思。在这里"have the ball at one's feet"出自足球运动用语，原指一个足球运动员已经控制了球，随时可以射门得分，隐喻为"大有成功的机会"。知道了这个短语的来源，我们应该很容易地记住这句话并运用了吧？

英文之美在创造

在朗读英文诗歌时，我们能感受到音韵美、结构美、简约美和意境美。

Brother	Summer
Beautiful，athletic	Sleepy，salty
Teasing，shouting，laughing	Drying，drooping，dreading
Friend and enemy too	Week in，week out
Mine	Endless

感受了美，我们张开想象的翅膀，思考着，创造出了传情达意的审美对象。

Sister	Ghost
Beautiful，tough	White sweet
Smiling，dancing，crying	Dancing，flying，gyrating
Relative and friend too	People curious people scared
Mine	Mysterious

英文这门古老又时髦的语言，有着音韵之美、结构之美、简约之美、意境之美、幽默之美、逻辑之美、文化之美和创造之美。英语教学的过程，是了解美、感受美、欣赏美和创造美的过程，是扬善、求真的过程。在这过程中，我们了解到异国的风土人情、风俗习惯、历史、文化、地理、社会生活、政治经济、教育科技……我们理解了世界文化的多元与多彩，我们也明白了中华文化的底蕴悠久。如此，你还会觉得学习英语只是记单词、学语法和刷题吗？但愿不是。

学生心语

　　小菊老师好！我是陆嫣，相伴一载，是我的荣幸，我的幸运。记得您的news让我们更有乐趣地学习英语，您辛勤工作，总是办公室里最晚走的老师，您善于发现生活的美好，您用相机定格了我们的青春，留住了温暖的岁月……分离在即，学生衷心感恩曾与您相遇，祝福您未来一切顺遂！

——陆嫣

to：Rita

　　感谢老师在这一年里的陪伴与悉心指导，也很幸运在高三遇到了你。

　　不会忘记你五彩斑斓、让人眼前一亮的衣着，不会忘记你课上妙趣横生的dubbing和news，更不会忘记你在我考试失意迷茫时的鼓励与指导。因为有你，我才能在学习英语的这条道路上坚定自我，越走越远。

　　本来是想用英文写的……但是怕被你挑语法错误，于是就换了中文，对不起。最后祝小菊天天开心，万事如意，越来越美！

　　Best wishes！

——关可可

　　一直都很暖心的菊菊呀，为我们分享了很多pieces of news，为我们准备了很多配音活动，为我们日复一日的枯燥生活带来很多不一样的惊喜和乐趣。我时常能从您的话语里感受到妈妈一样的关怀，从您的摄影里感受到对生活对世界的热忱。希望能借您心中的阳光，让我，让我们班，勇敢地向未来迈去。

——您的学生周雨欣

　　小菊老师，您是我见过的最可爱的老师之一。我永远都忘不了您的"诺特丹大巴黑"（巴黎圣母院）还有"锤烂我的电脑"，等等。您也是一个严格的老师，布置作业也超多，我总是不能全部做完。但，正因如此，愈加难忘。谢谢您，亲爱的菊姐。

——麦文静

水滴有声 必有回响

—— 张 栋

教师要突破书面形式的局限，实现beyond，带领学生领悟语言文字背后表达的情感和观点，实现behind。

张栋，高级教师，2008年荣获"广西优秀中小学外语教师"称号，所带的2011届和2014届毕业班获全区高考质量综合评估第一名。在南宁三中五象校区、初中部五象校区所带的年级均取得了突破性的成绩。在英语教学工作中逐渐形成"学科+"的英语教学方法。近年获得了两项广西基础教育教学成果一等奖，"南宁市学科带头人"称号，"南宁市教育系统优秀教师"称号等荣誉。

"白日不到处，青春恰自来。苔花如米小，也学牡丹开。"清代诗人袁枚的这首诗写出了教育的根本——平凡而卓越。苔花虽小，但也有绽放的需求。正如我们的学生一样，再普通再平凡的学生，也有追求卓越、期待绽放的梦想。看见每一个学生，看到他们的需求是每一位老师都应该努力实现的目标。

"英"有路数——从精心设计开始

我上初中的时候，还是一个调皮捣蛋的学生。有一次，班主任因为某些事情又批评了我，就在这时，我的英语老师路过我们身边，顺口说了一句："张栋英语还不错。"从那以后，我对英语学科的兴趣与日俱增，一路走上了英语教育教学研究的道路。我的英语老师看似随口说出的一句话，反映了对我学习情况的了解，而这一句话也改变了我对学习的态度。教师在校园里、在课堂上的每一句话、每一个行为都应该是教育的一部分。教师对自己的一言一行应有绝对的信念感，明白自己的所说所作所为都有可能会对学生产生影响，我们在课堂上的每一句话、每一个动作、每一个表情都应该是经过精心设计、精心构思的。

我始终坚信，每一个微小的变化都能带来极大的改变。接手初一后，我发现班级里有几个学生每次上课时都让我感到烦恼不已。通过观察和交流，我发现这些学生上课吵闹的原因——听不懂！原来是我忽略了这部分学生，他们吵闹并不是因为不想学习，而是他们无法理解、无法跟上老师上课所讲的内容，老师给的不是他们想要的。在了解这一原因后，我及时改变上课模式，给这一部分学生提供了相应的支持，而他们也一改吵闹常态，开始认真学习了。当我找到这部分学生学习的起点时，我才真正看到了他们，也才真正地为他们的学习提供了支撑。这不正是杜威所说的，教学必须从学习者已有的经验开始吗？只有掌握教育教学的基本原理和了解学生实际，我们的路数才能真正地为教学服务，为学生服务。

"英"知"英"会——原来我也可以

培根说："人的天性犹如野生的花草，求知学习好比修剪移栽。"知识就是力量，使人朝着更美好的方向前进。知识的有效传授过程不能缺少老师对知识的处理和解析，没有经过教师处理的知识，对于义务教育阶段的学生来说是难以下咽的苦菜。当教师把知识处理好之后，学生学到的不仅仅是知识，还有素养和能力的提升。

在南宁三中初中部五象校区工作的两年间，我带了两届毕业班。每一届毕业班都有不同的状况，但是他们也有共同的问题，就是班级内两极分化严重。按照普通的上课方法，各个层次的学习需求会被忽略掉。实行分层教学迫在眉睫，可时间紧任务重，该怎么办？在经过大量的调查和教研后，我实行了行政班内分层教学。学生不走班，还是在原来的班级进行学习；老师不走班，实现了教学要求的一贯性。每个层次的学生都会有不同的任务，如A层次的学生主要关注单元重点句型，B层次的学生关注对课文的理解，C层次的学生关注高阶思维的培养。《"英"知"英"会》是五象校区英语备课组的一系列校本教材，这一系列教材是结合学生实际情况，经过英语备课组成员精挑细选，汇编而成的一套校本教材。每一个层次的学生都能够在这套教材中找到自己学习的起点，都能够"跳一跳，摸得着"，让学生发现原来"我"也可以做到，"我"也能够学好英语。

"英"有所德——教学永远具有教育性

如何在学科教学中渗透育人？这是每一位学科教师都要思考的问题。义务教育英语课程体现工具性和人文性的统一，具有基础性、实践性和综合性特征。英语学科要帮助学生客观、理性地看待世界，树立国际视野，涵养家国情怀，坚定文化自信，形成正确的世界观、人生观和价值观。因此，英语学科的本质决定了我们必须在日常的教学活动中去渗透育人理念、实现育人价值。

作为英语教师，挖掘教材和文本中的育人价值是我长期以来给自己制定的目标。我所授的课，每一个单元、每一个模块都有一个到两个育人目标，每一个育人目标都是根据文本内容提炼升华而来。以七年级第五模块"My school Day"为例，本模块阅读课文介绍的是英国中学生Alex在学校一天的生活。通过阅读文章，学生能够了解英国中学生的日常生活状况。在授课过程中，我让学生把自己的学校生活与Alex的学校生活进行对比，找到中英两国学校生活之间的不同。对比完成后，有一位学生感叹道，Alex的学校生活是快乐、轻松、没有作业的，真让人羡慕，而自己的学校生活是无趣的，作业也太多了。察觉到这位学生的想法，我并没有去制止、去反驳。随后我再次提问："What happy things can you find in Alex's school day and your school day？"学生通过对这一个问题的思考，找到了两种学校生活的快乐之处。由此，我便顺势引导学生学会在生活中发现快乐、享受快乐。学生了解到快乐不仅仅是通过吃喝玩乐来实现，还可以通过学习来实现，找到了学习的快乐，我们的生活才会更加地丰富多彩。当学生德育工作渗透到我们的日常教学工作时，润物细无声，德育目标也就顺其自然地达成了。

　　杜威说："信念意味着不担心。"人必须珍藏某种信念，必须握住某种梦想和希望，必须有彩虹，必须有歌可唱，必须有高贵的事物可以投身。

物理

小华传奇　青蓝传说

—— 吴小华

> 让学生享受到物理的快乐与美味，构建教师—学生双向交互体系新学习模式。

吴小华，高级教师，物理竞赛国际金牌教练，南宁市学科带头人，南宁三中卓越教师，南宁三中"我最喜爱的教师"。曾获评自治区物理优质课比赛高中组一等奖，曾入选广西中小学"空中课堂"优秀课例。5次参加广西高考阅卷工作，3次担任广西高考物理学科改卷大题组组长，得到了同行的一致认可和好评。参与的6个市级课题已结题。多次到凤山高中、田阳高中、天峨高中、平果三中、浔州高中、隆安中学等参加支教活动。

时光飞逝,美丽的南宁三中已125岁了。我自2004年8月加入南宁三中大家庭以来,已经在青山路5号走过了18个年头。作为南宁三中人,被邀约用特殊的方式迎接校庆,见证南宁三中发展的美好图景,我倍感荣幸。

细细品味在青山路5号的教育教学故事,整体的感觉是:从"蓝色闪电"到"小华哥",从"小华哥"到"青蓝",从"青蓝"到"小滑块",从"小滑块"到"肥佬",每一个代号的变化,见证了我又老去的3年。多年来,我深入一线高考教学岗位,经历了2004—2007年、2008—2011年、2011—2014年、2014—2017年4届完整高中三年的教学循环,其中3届为特训班。同时,我担任了17年的物理竞赛教练,亲眼见证了南宁三中物理竞赛连续6年获得广西第一名的"六连冠"。

故事1. 2006年11月中旬,南宁三中举行校运动会,韦立老师做班主任的2004级1班,男生比赛人数不足10人,因我是1班的物理科任老师,便被当作"学生"代表1班参加校运会大队接力比赛。我接棒后一路超过了5位同学,体重54千克的我因此被学生叫作"蓝色闪电",也许这就是一个年轻青涩的隔壁班班主任的代名词吧。

故事2. 2010年1月上旬,自治区举办优质课比赛,我代表南宁三中参加比赛。完全没有经验的我,元旦带着2008级18班学生去青秀山游玩了一圈,被时任物理教研组组长杨泰金老师发现后严厉批评了一句:"你代表的不是你自己,而是南宁三中。"最后,在身经百战的太阳组长的帮助下,我几乎圆满地完成了任务,只忘了一句台词"亚里士多德也是这样认为的"。拿到自治区优质课比赛一等奖证书,我的感慨是:也许我就是南宁三中超强风口边缘的那只会飞的猪吧。

故事3. 2012年1月下旬,在高一上学期物理期考时,我还叫"青蓝"。2011级14班黄冬在高一物理期考考了98分,填空题被扣2分,扣分原因是游标卡尺读数没有补零。两年后,在2014年4月中旬的一次校测中,我偷偷把这道题目再放置进去,之后神奇地发现黄冬同样忘记补零了。考后面批时我总结道:"同一个坑是容易掉两次的,再优秀也存在盲区和风险,还是需要再点到为止地提醒一次。"黄冬会心一笑，体会到了"青蓝"老师的用心良苦，我作为跟班3年的科任老师的幸福难以言喻。2014年高考，黄冬不负众望取得了比较好的成绩，回馈了母校。我再次回忆起了快乐课堂的那个冷笑话"同桌毕业送你一把游标卡尺，在大学就不会孤独了"和那个补零的故事。

故事4. 2014年9月，我认识了一群新的可爱小朋友，从陪伴到目送他们参加高考，一晃又是3年。我特邀2017年高考考得比较好的方建勋同学回忆了一个高中时代难忘的物理故事。回复如下：

当高一新同学迈入南宁三中校园后，首先迎接他们的可能并不是憧憬已久的多彩生活，而是几份诚意满满的入学测验考卷。试卷难度姑且不论，引起大家注意的，是物理试卷上的神秘人物"青蓝"。或许大家会认为这只是出题老师的一时逗趣，殊不知"青蓝"将成为他们高中三年内"挑战"的代名词。

出现在命题人一栏的"青蓝"，实际上只是吴小华老师的众多马甲之一。除有着"青出于蓝而胜于蓝"高远立意的"青蓝"外，还有取自名字谐音的"小滑块"，甚至往届毕业学子的名字也可能成为他的马甲……在这个意义上，称其为"千面之人"并不为过。单纯更换马甲其实并不会长期带来兴奋效果，但"青蓝"不同，因为伴随"青蓝"而来的总是一份充满"新鲜感"的试卷，我们戏称"零食"。

高中3年内我们需要经历数不尽的周测、月考、段考、期考，虽然考试形式众多、题目类型多样，但总体而言都是围绕大纲进行的，悟出其中套路后多少会觉得枯燥。但是经"青蓝"之手的考卷总会在不经

精彩教学记忆

精彩教学记忆1：

吴小华老师通过趣味实验吸引学生兴趣，从而引入知识点。例如，在讲授光的偏振效应前，使用偏振片为学生演示了消光的现象，并让学生自己动手和观察。在讲授自感现象前，他让学生观察电感器使得未接电源的小灯泡仍能发光的现象，还让学生体验了被自感电动势"电击"的感觉。讲授动量守恒的时候，他带领学生观看了水火箭的发射过程。据学生反映，这些实验成功地激起了大家的学习欲望，并且让大家形象地认识了这些物理规律。学生表示，他们非常喜欢这种教学方式，他们通过这种方式感受到了"活的物理学"，而非学习死板的知识。他积极地组织和参与学生的课外活动，很好地拉近了教师与学生的距离，达成了"亦师亦友"的关系。他贯彻"真·爱"教育的理念，放弃老观念和老思想，放手让学生学习，让他们在民主、平等、轻松中学习。不是授之以鱼，而是授之以渔。他在教学中还对学生进行情感态度和价值观的教育，教给他们做人的道理，用真心和爱心对待学生。他坚持因材施

教的教学方式，对于学习有困难的学生，在下课时间和晚自习给予其辅导并为其解答疑惑，有时还请其他学生给予其帮助，并鼓励他们自主探索，给他们较大的自由。

——2020级21班 蒋岱兵

精彩教学记忆2：

吴小华老师构建了教师—学生双向交互体系，不再拘泥于传统教师授课的方式。在这一体系中，以学生自主学习研究为主导，教师则起引导、解答疑问、监督等作用。一般而言，教师为学生提供足够的信息，然后将主动权交给学生，由学生对这些信息进行小组探讨分析，让每一个学生的智慧得到充分的调动，并且让学生真正享受到学习的乐趣。例如，在物理竞赛考试前，教师将收集到的信息提供给学生，学生经反复讨论、研究后，挑选了若干有意义的题目作为模拟考卷；学生编辑完考卷后，再与教师讨论并最终确定。事实证明，这样的模式卓有成效。

——2020级21班 蒋岱兵

意的地方让人眼前一亮：或许是需要奇妙公式速算的选择题，或许是具有诡异电路的实验题，或许是有多重讨论的压轴题……就我个人而言，如果能在预定时间内完成"青蓝"的题目已经很成功了，想要完全答对则是一个巨大的挑战。

如果说"青蓝"出题对同学们而言是一种挑战，那么讲评试卷就是同学们的"个人秀"了。讲评时除了打印版本的标准答案，大家还会收到数份复印版本的同学答卷，以对比同一题目不同解法之间的优劣、讨论是否有更好更快的解法。兴起之时，"青蓝"还会直接让同学执笔讲解思路。在讲解的过程中，知识进一步内化，思维进一步发散。"青蓝"的题目，能让我们的目光短暂地从方寸之间看向更广阔的数理空间——除了课本上的已知算式，还有更多未知的原理在待人探索。时至今日，当我看到印有"青蓝"二字的试卷之时依然会心中一动，虽然高中物理知识已逐渐远去，但是当初提笔挑战难题的样子仍历历在目。

故事5. 2021年3月中旬，封面人物颁奖——在张小华班主任的策划和组织下的鲲鹏班封面人物颁奖词："在三中校园里，你总能看到戴着辨识度极高墨镜的他在校道上疾步奔走的身影；在13班的物理课上，总能听到他分享学长学姐各种"黑白历史"故事；在运动场，总能看到他化身大哥，与同学打成一片的平易近人的姿态。他就是让年级无数考生闻风丧胆，但又同时能给我们带来许多欢乐的物理竞赛总教练、大鲲班物理导师——吴老师，笔名"青蓝"（江湖人称"肥佬"）。他是一位上课讲解深入浅出、充满趣味的好老师，认真负责、严于治学的好教练。他热心为同学们辅导课业，努力为同学们解答疑惑，竭尽所能地寻找各种资源，总能给我们带来一些有趣的零食。"也许这难忘的颁奖词就是见证我又老去3年的解说词吧。

生活还在继续，日子依旧平凡，但平凡一样美好。每天来到美丽的南宁三中校园，来到温暖的教室，最简单而又最珍贵的阳光和空气从窗外飘进来，洒在身上，神清气爽；最简单而又最珍贵的学生的欢声笑语传入耳朵，不禁让人想到1000多年前苏东坡的名句——"不思量，自难忘"。不忘初心，砥砺前行，坚持用平和的心态净化心灵，努力做一个"站稳讲台，拿稳粉笔"的南宁三中合格的"卓越教师"。

学生心语

在学习物理和冲刺物理竞赛的道路上，小华哥与我们亦师亦友。他在辅导我们学习物理知识的同时，也在用他对于物理的热情感染着我们，为我们在竞赛道路上提供精神上的支持和鼓励。记得刚开始接触物理竞赛的时候，每周一次的辅导课是我最期待的事情之一。小华哥用他风趣幽默的教学方式，带领着我们一步步领略物理竞赛里的巧思，掌握解题工具和思想，向更复杂更深刻的问题发起挑战。而在准备比赛的过程中，很多事情小华哥都是亲力亲为。每次考完模拟卷，他总是以最快的速度改完卷子，力求给我们最及时的反馈。即使在最忙的时候，小华哥依然不忘时常鼓励我们，为在自习室刷题的我们带去欢声笑语，消解我们的疲惫。而在寒暑假，你也能看到他忙碌的身影，带领着我们竞赛班的同学穿梭于不同城市的名师培训班以及高校的物理实验室之间，为我们对接最好的学习资源。小华哥用他对物理、对教学、对学生的热爱，带领和帮助我们在学习物理的道路上披荆斩棘、乘风破浪。

——2014级14班黄冬

守护『悟理』 坚持真理

—— 陈传来

做人做事要求更好,力求最好。是金子就要发光,否则和石子没什么区别。

陈传来,高级教师,自治区优秀教师,南宁市优秀共产党员,南宁市学科带头人。教龄31年,从事班主任工作23年,所带班级曾获自治区级、市级优秀班集体荣誉。曾担任奥赛教练、年级组组长、教研组组长,长期担任备课组组长,负责实验班的教学和管理工作;多次受聘为南宁市备考中心组成员、尖子生诊断专家和优质课比赛评委;获评南宁市新世纪学术和技术带头人第三层次培养人选;主持或参与6项自治区级、市级课题研究;在《中学物理教学参考》《中学物理》等各级刊物发表论文十余篇。

高中物理介绍的是物质观、运动观、相互作用观和能量观的自然学科，《庄子·天下》篇云："判天地之美，析万物之理，察古人之全，寡能备于天地之美，称神明之容。"物理学就是洞天察地，析万物之理。要想学好物理，首先就要了解物理学科的特点，遵循学科的规律。

物理学研究的特点：观察现象，揭示事物的本质

"古希腊三圣"之一的亚里士多德就是通过日常生活现象总结出自由下落运动中轻重物体从同一高度下降所用时间不一样的结论。后来，由著名学者伽利略设想轻重物体绑在一起会得出矛盾结果的"归谬法"而否定了亚里士多德的观点，他猜测自由落体运动是一种最简单的匀变速直线运动，进而利用斜面实验"冲淡重力""科学理论外推"的方式验证其结论，形成一套较为完善的科学研究方法。

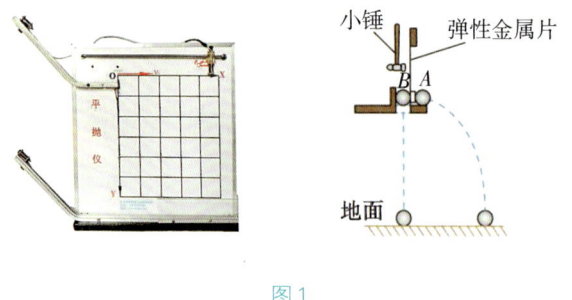

图1

平抛运动中，通过观察比较法得出：水平方向做匀速直线运动，通过听声音，判断竖直方向做自由落体运动的特点（如图1所示）。其教学设计中遵循先进行实验探究，得出结论：平抛运动是水平方向做匀速直线运动和竖直方向做自由落体运动的合成。再采用

精彩教学记忆

1. 2019年版新教材高中物理必修第一册第二章《匀变速直线运动的研究》第4节《自由落体运动》。

课堂教学中可以演示让两个不同质量的球从同一高度自由下落的运动（如图4所示），通过听声音的方式验证自由下落运动中物体下落速度与轻重无关的结论，并让学生从实验中回想起历史上著名的比萨斜塔实验及其结论。

图4

2. 2019年版新教材高中物理选择性必修第一册第一章《动量守恒定律》第2节《动量定理》。

（1）抽纸演示实验：将矿泉水瓶压在纸上，让同学把纸抽出，但又不能让矿泉水瓶倾倒。若将矿泉水瓶换成钢笔帽、粉笔或竖直放置的较长铅笔，则实验不容易成功；而通过改变做法，如将纸张剪成纸

条，把用手拉动纸张改为用手掌垂直打击纸带的中部等方式，目的是减少纸和笔的接触时间，从而减少笔的动量变化，让它不易倾倒，让实验能轻松获得成功（如图5所示）。

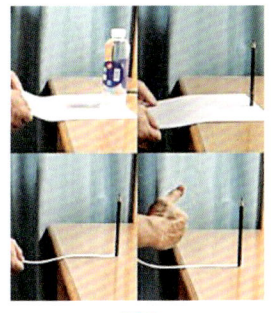

图5

（2）将平头吸管插入马铃薯中，因吸管较软容易弯折，使得实验不易成功。要获得的动量变化大，可以将吸管固定在泡沫板上，用质量较大的马铃薯从某一高度自由下落去撞击固定的吸管（如图6所示），吸管则能较轻松地插入马铃薯中，实验容易获得成功。原因是：马铃薯的质量比吸管大很多，碰撞过程中动量变化大，根据本节学习的动量定理——时间相等时作用力大。

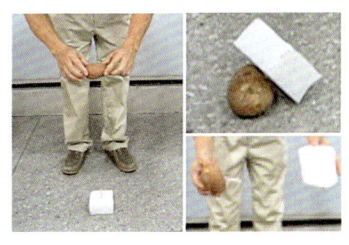

图6

动力学观点，应用牛顿运动定律解释为什么是水平方向做匀速直线运动（水平方向合外力为零）和竖直方向做自由落体运动（物体只受重力作用），培养学生科学推理、科学论证的能力。

物理学的应用：学以致知，揭示自然，造福人类

（1）力学中平衡点的应用：多米诺骨牌，热门的代步工具"电动平衡车"，剪式千斤顶的工作原理，风筝在细线和风力的作用下处于静止状态（如图2所示）。

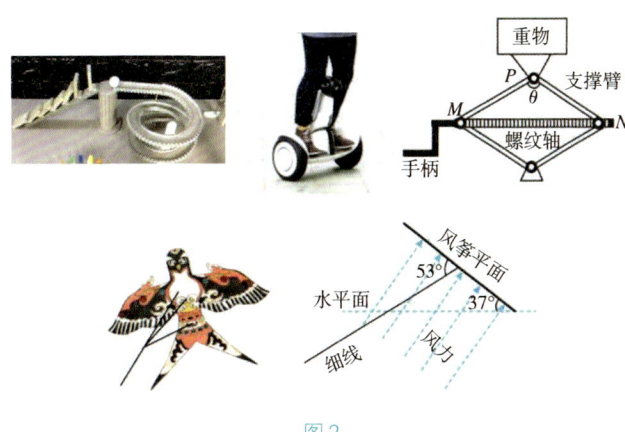

图2

（2）力学中合成与分解的应用：戽斗是古代一种小型的人力提水灌田农具，是我国古代劳动人民智慧的结晶，通过两人双手执绳牵斗取水（2021年高考广东卷）；唐代《耒耜经》记载了曲辕犁相对直辕犁的优势之一是起土省力（2022年高考广东卷）；可用来制作豆腐的石磨（如图3所示）。

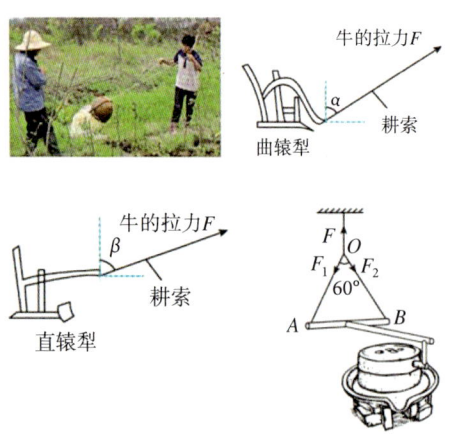

图3

关注初高中知识的区别与联系

（1）继承与发展。初中学习匀速直线运动，高中重点研究匀变速直线运动；初中学习部分电路欧姆定律，高中新增了闭合电路（全电路）欧姆定律。

（2）定性与定量。初中所学为摩擦力讨论，高中所学为摩擦力计算；在机械能守恒定律内容的学习中，初中讨论势能与动能的变化过程，高中注重通过定量计算得出势能与动能的变化过程中的守恒；初中初步了解电磁感应现象，高中则学习电磁感应定律的内容。

（3）标量与矢量。路程与位移、速率与速度的区别。

（4）简单到复杂。从匀速到变速，从直线到曲线，从匀变速曲线到匀速圆周运动再到一般变速曲线运动，从安培力中电流与磁场平行、垂直到任意夹角，从洛伦磁力中速度与磁场平行、垂直到任意夹角。

3. 2019年版新教材高中物理必修第二册第二章《电磁感应》第4节《自感现象》

操作：

如图7所示连好线，大家手牵手，两端同学空着的手握一根线，闭合电路，说说握3伏电压的电线有什么感觉？

学生：没感觉。

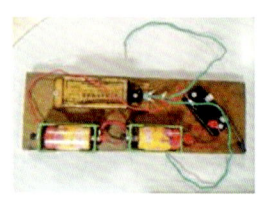

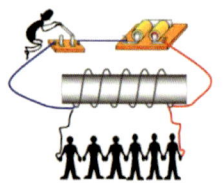

图7

再操作：断开电源瞬间，有什么感觉？

学生：触电"麻"的感觉。

（1）说明什么？在什么时候怎么会有这种感觉？

（2）接通3伏电压电路没感觉，断开电源瞬间反倒有触电感觉，你认为是因为什么？

学好物理的方法（三步记忆法）

"三"在中国传统文化中有着特殊的意义，老子曰："道生一，一生二，二生三，三生万物。"古人认为，"三"是用处最大的。学习物理知识，我们不妨尝试都只归纳成重要的三步来进行。如：

（1）应用运动学规律的三个步骤：①画情景草图；②找位移、时间、速度关系；③选择合适公式求解。

（2）力学部分解题关键三大步：①确定研究对象；②受力分析；③列方程求解。

（3）电学中判断感应电流方向（楞次定律）三个步骤：

①明确要研究的回路原磁场B的方向和磁通量Φ的变化；

↓楞次定律

②判断感应电流的磁场方向；

↓安培定则

③判断感应电流的方向。

（4）带电粒子在磁场中仅受到洛伦磁力作用下匀速圆周运动解题三板斧：①定圆心；②画轨迹；③算半径。

定圆心三种方法：①速度的垂直线；②弦的垂直平分线；③角平分线。

关注三种轨迹线：①直线；②圆弧；③抛物线。

数学知识计算半径的三种方法：①勾股定理；②三角函数；③余弦定理。

学生心语

说起陈传来老师，高中难忘的时光和场景又生动地浮现在眼前。能在陈老师担任班主任以及物理老师的班级学习和生活是一件十分幸运、快乐的事情。物理课上，陈老师的讲解生动形象，有时他还会自己动手制作一些小道具给我们演示题目中抽象的动态变化过程。课后，陈老师也投入大量的时间和精力为大家答疑，我还记得一次次自习课去找陈老师询问不理解的习题，经过陈老师耐心细致的指点后的豁然开朗和喜悦。作为班主任，陈老师就像我们50多位同学的大家长一样，事无巨细地参与进班级的建设及管理中，无论是到宿舍了解我们的生活情况，还是组织家委会一起给同学们加油鼓劲，或是和同学们一起筹划元旦通宵晚会、运动会等活动的具体事项；陈老师对于同学们的学习、生活方面的照顾都令我们深感幸运，使13班的凝聚力超级高，体验超级棒！陈老师卓越的物理教学水平和教学方式以及他对同学们的喜爱和全身心的投入令我十分感动和感恩！最后祝阿来工作顺利，身体健康！师弟师妹们好好学习、珍惜！

——南宁三中2013级13班韦孟霖

陈传来老师，又名"come by boat"。他诙谐而不失严谨的教学风格深受同学们喜爱，他对复杂的物理过程能做到抽丝剥茧、层层剖析，在教书的同时也教会大家做人的道理，是一名出色的教师，更是一名优秀的人生导师。

——南宁三中2010级14班莫凡人

530021

陈老师好！还是叫阿来比较好听~
我现在已经开学一个星期了...但是
这一个星期都很轻松。听讲座，学
事理论教育课。然后就是感受校园，
多亏了老师，我才能真正站在背面的大
小西前。尽管老师不说什么，但我一直
都能感受到老师对我们的关心和
信任。谢谢老师两年的鼓励和支
持，如果能是三年就好了！

To: 广西省南宁市
青山路5号
南宁三中
陈传来 老师收

2017.8.23 家胡琪

「To: 陈传来老师」 Post Card

非常高兴能在三中遇到高考状元导师做我的
班主任！虽然现在陈老师已经不再是我们的
班主任，但是您在我心中一直门班的班
主任。非常感谢陈老师在担任班主任期间对黎宇翔
的关照，谢谢您！您辛苦了！要是说雪峰老师对我
物理帮助是体现在宽度，那您对于我的帮助就是深度，然后
二者相合成，成为一个合力，对我而言，就更加促进了我的物理学习
最后衷心祝愿陈老师
教师节快乐88...88

From: 2016(17)

魅力物理 趣味无穷

—— 梁德清

优秀的教师，不但会讲授知识，而且善于激发学生的学习动机，唤起学生的求知欲望，让他们兴趣盎然地参与到教学过程中。

梁德清，毕业于华中师范大学，华东师范大学硕士研究生，南宁三中物理教研组组长、高三理综组组长（2017—2021年）、物理奥赛主教练，广西招生考试院特聘高考评卷物理科质量分析专家，南宁师范大学特聘硕士研究生导师，南宁市物理学科中心组成员，首届南宁市普通高中新课程新教材实施物理学科教学指导专家，南宁市学科带头人，南宁市教学骨干，南宁市教育系统优秀教师，曾9次获中国物理学会高中物理奥赛优秀指导教师荣誉。执教28年，拥有15届高三教学经验，常年担任特训班和重点班物理教学工作。

精彩教学记忆

"物理答题就像杀鸡招待客人：家里来了贵客，我们杀鸡热情招待，假设经过一番操作后，给客人端上来的不单是鸡肉，而是鸡肉、鸡毛、鸡屎，客人一定会错愕万分，还以为我们发神经或者是有意羞辱。物理答题与此类似，学生应该把规范的答题过程呈现给老师，得分点就好比鸡肉，而那些凌乱的格式和拖沓的废话，就好比鸡毛和鸡屎！如果答案正确，但格式凌乱、废话一堆，还希望得到满分，就好比给客人端来了鸡肉、鸡毛、鸡屎，还希望客人点赞你热情好客一样，那显然是违背常理的。"

这是我在授课或讲座中指导学生规范答题时所作的一个独特又富有说服力的类比，旨在帮助学生认识规范答题的重要性和必要性。该类比引起了学生的强烈共鸣，给各届学生都留下了深刻的印象，也收获了一串串丰硕的教学果实。有的班级为了感恩老师，还特地打造了一块牌匾送给我，上面赫然刻着"最可爱的鸡肉艺术家"。

解读：众所周知，规范答题是非智力因素得分最有效的

教学是一门艺术，更是一株幸福之花，用心去浇灌，它随时都会为你绽放绚丽的光彩。

记得是高二上学期，在周三下午第九节课，刚打预备铃时，我恰好走到教室门口，眼睛习惯性地一瞥，竟惊奇地发现孩子们一个个把烦躁写在了脸上，一副副急不可耐的样子，完全没有安心在教室上课的迹象：有的把腿伸出过道外作半离开状；有的已经背起了书包；有的桌面光溜溜的，连课本都没掏出来……我瞬间纳闷，孩子们为什么会无心上课，难道是不喜欢我的物理课了吗？

纳闷之中似有所悟，我猜测是把正课排到第九节来上的缘故。通常第九节课是自习课，学习计划上是用来消化前面所学的内容，或者用来预习和写作业，这样学习效率就比较高，孩子们表现出来的学习状态也显得比较专注和投入。一旦用第九节课来上正课，原定的学习计划受到冲击，会有不少学生认为，既然做不了原计划的事，姑且听听老师在最后一节课还讲些什么，完全没有把第九节课当作正课对待，这样学习效率势必会大打折扣。也正因为如此，学校一般第九节课不排正课，例如整个高一就没有出现这样的排课。进入高二后，课程有所增加，看来学校也是迫不得已而为之。带着这种猜测，我并没有直接走向讲台，而是先向班级贴课表的地方走去，一看课表，果然不出所料，第九节课基本都是自习课，唯独这节要上物理。也正因为只排了一节，估计班主任没料到学生会对此表现出异常，应该还没有对学生进行学习计划调整的学法指导。怎么办？我犹豫这节课该怎么处理，

是先给同学们自习，改天再找合适的自习课补回来，还是不管三七二十一照样上课呢？就目前同学们这种状态，照样上课效果肯定不好。

我脑海里迅速盘点这节课的内容，那可是一节沉甸甸的知识课呀，另外的两个班在第七、八节课刚上完这些内容，如果这个班今天不上，进度会参差不齐，况且明天又有新的教学内容！不知不觉已走到了讲台，我瞬间做了一个大胆的决定，高声对孩子们说："同学们好！现在是第九节课的时间，老师跟你们一样肚子饿得咕咕叫了，可是这节课的学习任务我们必须要完成。如果同学们认真听、积极配合的话，我可以提前2分钟下课！请问大家，要不要提前下课呢？""要！"哇，出乎意料的整齐和大声！我心里暗暗偷笑，给点甜头就上钩，实在太可爱了！环顾台下，同学们明显地把精神振奋写在了脸上，半条腿伸出过道外作半离开状的收了回来，背好书包的默默放下了，桌面光溜的也拿出了课本……

突然，有个学生跑到教室门口，对外面的走廊喊道："你俩快回来，梁王要上朝啦，可以提前退朝呢！"原来有两个学生还在走廊没进教室，我刚才竟然没注意到。喊话的那个学生在返回座位的过程中，满脸通红地看了我两眼，可能是因为刚才听我说可以提前下课，一时之间兴奋过度，不小心透露了他们在背后给我起的绰号。在反复确认我一直面露微笑、完全没有生气的样子后，他回到座位，很快就脸色恢复如常了。我也是从此才知道，我在学生背后有个如此霸气的绰号——"梁王"。

方式。物理主观题作为鉴别类的题型，与区分度较低的中庸类题型不同，其区分度很高，能有效地将不同层次的考生拉开差距，在高考选拔人才中扮演着重要的角色，因此，物理规范答题是答题指导中的重中之重。

从2001年至2022年，我在每年参加高考评卷做物理学科的质量分析时发现，全区因答题不规范失分的考生数量超乎想象。在全区高考质量分析会上的备考指导方面，每年都会讲到规范答题的问题。

南宁三中的学生都很优秀，尤其对特训班来讲，追求的目标是高考物理拿满分，这不仅要有破题的法宝，还必须有行之有效的规范答题指导。在2016年至2021年这6年，我连续带高三特训班或重点班，高考物理平均分连续几年在100分以上（满分110分），基本达成目标。其间关于规范答题指导的深刻体会，是在指导的起步阶段就要让学生对规范答题的重要性和必要性有足够的认识。因为对学生而言，他们总认为能将题目解答出来就已达成目标，或者认为计算结果正确就不会被扣分，从而忽视了答题格式、答题用语、方程书写等规范化要求。事实上，解答出题目或计算出结果，与拿该题满分还有很大的差距。如果心中的坎迈不过去，下的功夫必然不够，难以收到预期的良好效果。正所谓"攻城为下，攻心为上"，当学生在心理上认识到了物理规范答题的重要性和必要性后，后续进一步的实操指导就会事半功倍。

接下来的这节课，从新课引入到新课教学，进行得特别顺畅。在合作探究与交流分享环节，同学们思维特别活跃开阔、表达格外清晰简练。例题分析我讲得很快，没有废话，最后的练习巩固孩子们完成得既快又准。在做完本节课堂小结后，我侧头看教室里的挂钟，还有5分钟才下课。转头回来，我发现同学们正全神贯注地盯着我，猜测在剩下的3分钟里，我还会给什么学习内容。我不动声色，抬手做了两下捋胡子的动作，突然间手一挥，大声宣布："同学们表现优秀，奖励3分钟。退朝！"顿时，台下响起了如雷般的掌声。在掌声逐渐减弱的过程中，我清楚地听到了几个声音此起彼伏——"梁王万岁""梁王我爱你""我最喜爱的老师"……

在后续的每周三下午第九节课，我都努力给学生类似的甜头，特别注重调动学生的学习积极性，而孩子们每次都热情高涨，出色地完成了学习任务。在两个月后的段考中，这个班收获了令人惊喜和振奋的成绩：班级物理平均分从一贯以来的年级第三，一跃成为年级第一。

以上是教学中极其普通的一个小故事，诸如此类的小故事其实发生过很多。常言道："教学有法，教无定法。"当一个教师成功地走进学生的心理世界、设身处地地为学生着想时，他可以灵活地运用各种教学方法和手段，调动学生的学习积极性，在充分体现"教师为主导，学生为主体"的同时，深入挖掘日常教学中蕴含的魅力，让学生享受幸福的教学，而教师自身也享受教学的幸福。

学生心语

　　梁德清老师的教学富有特色，注重基础，强调规范，精准把握知识要点，帮助同学稳步提升解题能力。梁老师对物理概念的讲解清晰易懂，带领同学们将概念联系起来，建立完整的知识网络。在理解题意、分析思路、书写解答方面，梁老师都有独到的研究。尤其是在答题规范上，梁老师善于引导同学们不断磨炼答题语言，逐步形成正确的答题习惯，兼顾答题速度和答案美观度，写下简明规范的解答。梁老师所讲的物理概念、物理思维和答题方法都对我在大学进一步学习物理有很大的帮助。

——2021届蒙瑞俊（高考总分728分，其中理综293分，物理单科107分）

化学

洪涛经变野　均赋征化学

—— 罗洪均

把学生的需求，当作自己的追求。

罗洪均，毕业于东北师范大学，2006年从教至今长期担任高三把关教师、特训班教师，深得学生与学校的信任。曾获评南宁市优质课比赛一等奖，3届南宁三中"我最喜爱的教师"，2届南宁三中"奥赛金牌教练"，中国化学会颁发的"化学奥林匹克竞赛优秀教练员"。所辅导的学生获得省级一等奖的达到百人以上，进入省队的有30人以上。其中3名学生获得全国金牌，1名学生进入国家集训队。

我是2006年来到南宁三中的。南宁三中有个惯例，新人在上第一节课之前必须先试讲一次，由组内的前辈帮忙指点。我那次试讲讲得很不理想，平时肖蔚老师听完课总会给予一些具体的指点意见，但那次听了我的课，他直接说了一句："乱七八糟！谁招来的谁负责。"我当时是于法锋老师招来的，杨欢老师也是于法锋老师招来的。所以我经常表扬于老师太有眼光了，招来的老师最后都那么优秀。

当然，当时我的内心是沮丧的。作为刚出来工作的大学生，我最担心的就是学校会辞退我。多亏了我当时的师傅梁东旺老师给我指了一条出路：既然课上成这样，那就去搞一下竞赛吧。现在回想起来，感觉他当时对我上的课也是蛮绝望的。所以，我走上竞赛这条路可以说是为了不被学校抛弃。

那一届的竞赛成绩在2008年时感觉还可以：3个省级一等奖，2个队员进入省队。现在看来，就拿不出手了。同年，当时的方校长和黄书记，决定带几个老师去山西大学附中学习，我有幸参加了这支队伍，心中莫名的荣誉感让我决定一定要做得更好。而后几年里，我们几个竞赛教练同心协力，取得的成绩也越来越好：从3个省级一等奖变成6个、8个……最多时达到15个，入选省队人员从2个变到3个、4个……最多时达到5个。其间很辛苦，我们都牺牲了自己的节假日。记得那几年，我每年都获得先进工作者的称号，可以说，那时候让我努力的动力就是荣誉，就是学校的认可。

2012年以后，教育部取消了竞赛对高考的加分。竞赛处于两难的地步，同时学校不再有能力支付竞赛的课酬，放弃竞赛理所应当。但是我内心却不愿意接受。有人不理解，放弃不是一件很轻松的事情吗？在这个时间段放弃，别人也不会说什么。但我不愿意就此放弃。就这么在放弃与坚持的纠结中，我开始思考做这件事情的意义：学校已经不会辞退我了，给我的荣誉已经很多了，但我内心里还想继续做，甚至希望把这件事情作为我的终身事业。我一直不明白什么是爱好，但当时我意识到也许爱好也可以是长期坚持一件事情而培养出来的。

2013年，我遇到了一个特别热爱化学的学生——曾承禹，很多人都知道他在2015年获得了南宁市的第一枚化学金牌。他的出现促使我进入了更高的思维维度。以前我只敢幻想，我的学生能获得金牌，而他让我知道，只要我们坚持去做，幻想总会实现。曾承禹给我带来的不只是金牌，他让我在当年的竞赛教练聚会的时候得到了别人的另眼相看。而后，我们也获得了更多的合作机会，我们的学生能够得到更加系统化的培训，所以，2017年我们又获得了两枚化学金牌。

我经常觉得我很幸运，一路走来在我需要帮助、需要鼓励的时候，周围的人总会给予我帮助、给予我鼓励。最开始我想要得到认可，竞赛这条路让大家都认可了我；在那段迷茫的特殊时期，有学生帮助我突破了自己；2016年学校指派我去美国学习，我得以接触更大的世界，开阔我的眼界，这也是对我的最大认可。

现在回头看看我走过的路，感觉一切顺理成章，但是如果让时光倒流，回到10年前，用那时候我的眼光来看，却觉得前途未卜。究竟是什么使得最后一切顺理成章呢？我想应该就是坚持，坚持走在这条路上，就会发生变化。就像我，最开始我只是希望得到认可。随着教书年限的增加，我看到南宁三中很多优秀的学生选择了金融、工商管理等专业，很少有人选择化学这样的基础学科。而化学竞赛生对化学的由衷喜爱改变了我，我觉得我可以肩负起更多的责任，也许我培养的学生中，几十年以后会出现一个化学大咖，引领人类的进步。

以前听过乔布斯的一句名言：活着就是为了改变

精彩教学记忆

有一次给学生讲分子轨道理论时，我犯了一个知识性的错误。学生当时已经提出了质疑，被我一句话就搪塞过去了，我继续往下讲的时候越发觉得不对，到了最后结论不吻合，才不得不承认之前讲错了。我就问学生：刚才你们已经发现了我的问题，为什么在指出我问题的时候不坚决一点呢？学生说：老师，你授课时那种坚定的神情，对化学的认可的姿态，让我们觉得你是对的。当然，我这次犯的知识性错误让我后面的备课更加谨慎。我发现，我的很多竞赛生到了大学都会选择以化学作为专业，毕业之后也是选择以研究化学作为事业。也许老师的授课知识在时光的流逝中会被逐渐遗忘，但是老师在授课时对该学科的热爱、对知识的激情会感染学生、成就学生。

世界。当初觉得乔布斯太狂妄，现在觉得，是因为那时候的我太肤浅。我相信乔布斯也不是在最年轻的时候有这样的觉悟，而是因为他坚持做事，做到了一定境界之后才自然得出这样的想法。

借用歌手莱昂纳德·科恩说的：万物皆有裂痕，那是光照进来的地方。

学生心语

罗老师，我是你的第一届化学竞赛生，懵懂中就跟着你学习化学竞赛知识，可能是因为学习化学竞赛知识的教室比较空旷，没有多少同学，可以一个人坐两个位置。而后的学习中，感受到老师的不容易，对竞赛知识也不熟悉，常常被我们问得回答不了问题。但是第二天你总能找到答案来回复我们。你认真完成每一件事情的态度到现在也影响着我，感谢你成为我的人生导师。

——毛佳昕

巧思笃行 兰心蕙质

—— 农 惠

以幸福心做幸福教育。

农惠，硕士研究生，曾获南宁市"我最喜爱的老师"、李国伟、荣慕蕴教育园丁奖，南宁市教学骨干，南宁市技术标兵，南宁市青年岗位能手，南宁市优秀共产党员，南宁市优秀班主任，南宁市优质课比赛一等奖，南宁市班主任技能大赛一等奖，南宁三中"我最喜爱的班主任"等荣誉。在担任班主任期间，所带班级2021届21班、2018届8班和2015届9班多次获得校级和市级优秀班集体荣誉，指导的学生中有多人次在各类竞赛中获奖。所带班级2021届21班共18人被清华大学、北京大学录取，清北录取率达51.4%，其中学生蒙瑞俊在2021年高考中取得理科总分728分（理科总分广西最高），叶宇珂取得理科总分708分（理科总分广西第二），谢子怡取得理科总分701分（理科总分广西第四）。

2019年9月，高二竞赛班刚完成人员微调，班级状态尚未稳定，优质课比赛和班主任技能大赛接踵而来，而且两场决赛的时间只间隔1天，这对于我来说是很大的挑战。但同时，我也敏锐地捕捉到这是一个让新班级加速融合的契机。我和12班的孩子们进行了集体谈话，告诉他们这两场比赛的时间和重要性，表明老师非常需要他们的支持，只有得到他们的支持，老师才能更专心地备赛。学生的表现欲和责任感立刻被调动起来，很贴心地表示他们会乖乖的，让老师安心参加比赛，不用经常到班上看他们，还打趣说老师比完赛拿了奖请他们吃夜宵就行。

12班的孩子们很贴心，如他们所承诺的那样，班干部快速进入角色，各司其职，担起了班级常规管理的职责，减轻了我这个班主任的管理负担；同学们互帮互助，原12班同学热情周到地照顾新加入的同学，新加入的同学则勇敢承担班级事务，主动融入新环境。新班级融合得很顺利，班级气氛温馨，团队意识特别强，因此也顺利地拿到了"开学十好评比"和9月学风纪律优胜奖。

2020年8月，更大的挑战来了，我成了高三理科特训班21班的班主任。特训班学生极其优秀，让我可以大胆地去做一些尝试，和孩子们一起努力享受这段紧张又难忘的时光。

比如，开展化学研究性学习，让学生完整地体验研究性学习的整个过程：选择课题、制订计划、实施课题、整理总结、交流展示。

首先，学生经过讨论，确定了新旧教材对比、化学与生活、实验化学、工艺流程、化学反应原理和有机化学6个研究方向。其次，根据"组间同质，组内异质"和学生的研究兴趣进行了分组。学生没有做过课题研究，因此各小组选择课题后，我们举行了开题指导会，引导学生确定更为具体的研究内容、撰写开题报告、查阅专业文献等。

以下是第二小组写的《有机板块专题开题报告》（组员有韦舒凡、李卓颖、黄日林、蒙瑞俊、莫舒吉和张子红，囊括了数学、物理、化学和信息学竞赛的同学，其中李卓颖和黄日林考入北京大学、蒙瑞俊考入清华大学）：

有机板块专题开题报告

第二小组

一、选题的背景和意义

近年高考化学有机板块命题落实高考评价体系要求，发挥立德树人、服务选才、引导教学的高考核心功能。在考查课程标准内所出现的内容的同时，引进了一系列新情景、新方法，创新了题目呈现方式和信息呈现方式，对考生的信息综合运用能力提出了更高的要求。同时，在有机化学方面作出若干改动的新教材也准备在试点省区市开始使用。因此，有必要针对近几年高考化学有机板块中的考点及情景进行梳理和研究。

在高考化学有机选考部分的重要考点中，我们选择对同分异构体的书写和计算，以及近年来高考题中新情景的背景知识进行研究分析。这样的研究能够为高三化学复习提供一定程度上的参考。

二、文献综述

对近五年高考有机模块的考点综述。查阅近五年高考理综试题，对选考题（《普通高中课程标准实验教科书·化学·选修5·有机化学基础》）的考点总结如下：

1. 高频考点：有机物的命名、分子式书写、结构推断、官能团的名称和结构、常见官能团的性质、分异构体（非立体异构）的数目及结构、基础有机反应（加成、消除、取代、氧化、还原）及其条件、反应类型判断、有机反应方程式的书写。

以上考点在近年的高考题都会出现，也是考试大

精彩教学记忆——微项目"探秘膨松剂"

日常生活中，松软香甜的面包和蛋糕、酥脆可口的饼干都深受大家的喜爱。它们之所以那么松软或酥脆，是因为在制作过程中使用了膨松剂。膨松剂是添加于面粉中，并在加工过程中产生气体，使面胚发起形成多孔组织，从而使食品具有松软或者酥脆特点的一类物质。酵母是常用的生物膨松剂，那么化学膨松剂的成分是什么呢？

我运用生活中的素材创设问题情境，激发学生探究的兴趣，引出第一个教学环节：寻找化学膨松剂——碳酸氢钠。

提供资料：碳酸氢钠和碳酸钠均能与酸反应，因而都可用于调节面团的酸度。碳酸钠碱性较强，若碳酸钠过多会使面团变黄、变硬、有碱味。

组织讨论：碳酸氢钠做单一膨松剂有什么缺点，如何改进？

引导学生提出第二个教学环节：改良单一膨松剂——复合膨松剂。鼓励学生对复合膨松剂的配方进行大胆猜想，通过比对生活中常用的复合膨松剂配方，结合学生实验，验证猜想的合理性，提升学习的成就感。

抛出问题：复合膨松剂还有什么缺点吗？还可以改进吗？

由此，进入第三个教学环节——了解微胶囊技术在化学膨松剂中的应用。感受前沿科技在化学中的应用，体会化学与生活的密切关系。

微项目"探秘膨松剂"的教学设计层次分明，思路清晰，环环相扣，学生极易进入研究情境，讨论氛围热烈，学生深感掌握知识变得轻松，而且马上能应用知识解决实际生活中的问题，十分有成就感。

纲要求考生应掌握的内容。

2.其他考点：有机合成（有时不考查）、立体异构现象、波谱分析、有机反应中的热力学与动力学问题。

以上考点虽然出现在了考试大纲中，但在高考的有机板块中考查频率较低。

3.超纲考点：位阻（2020年普通高等学校招生全国统一考试·全国Ⅲ卷）等。

在学习和研究过程中，我灵活增添学生感兴趣的微专题，比如羟醛缩合和酯缩合反应在有机综合推断题中多次以新情景信息出现，为了更好地理解这些反应的原理，李卓颖等同学还增加了α-H的反应微专题，举一反三，将脑文格反应、罗宾森增环反应原理也用通俗易懂的语言进行了解释。再比如，有机物同分异构体的书写是多数学生的失分点，蒙瑞俊和韦舒凡便深入地研究了近10年的高考题和最新的模拟题中的典型例题，利用信息学、数学和化学等多种学科方法进行细致的对比，完成微专题《同分异构体书写思维和技巧》的总结和展示，让作为老师的我也受益匪浅，我为他们感到骄傲。

各小组顺利结题，在研究过程中每个组还命制了两道原创大题。为了确保知识的准确度和科学性，孩子们查阅大量文献，经过反复推敲，才将复杂的反应过程简化为流程图，最终转化为设问合理、难度适中的试题。

蒙瑞俊在进入清华大学计算机系姚班学习的两个月后联系了我，他提到化学研究性学习对大学课程的学习很有帮助，对科研立项很有启发。他的反馈，让我对开展研究性学习的信心更足。

我有时甚至会将联考质量分析交给学生，让这些聪明的孩子从他们的视角分析成绩，一扫以往考试成绩分析方式的沉闷。比如，我指导学生们开展了"四省联考质量分析——微量而高效：年轻人讲考德大会"等联考质量分析，宋俞乐同学（考入北京大学）利用数学线性回归方程告诉我们：语数英与总排名的关联度极大。

在忙碌的学习生活中，我还设计了许多丰富有趣的班级活动，比如前往英雄城市百色研学，开展"21班全体师生行大运·青秀山健步走"活动，以及原创剧本创作表演等主题班会。

苏霍姆林斯基曾指出，教育的目的是培养幸福的人。老师和学生之间，不仅是知识和能力的传授，更是情感的相通、心灵的互动。老师的生活体验、人生态度和心灵感悟往往可以直接影响学生。教育应当是一种享受，教师享受培养人才的满足，享受教学相长的快乐，做一名幸福的教师，这样才能让教育成为一种传递快乐和幸福的事业，做到"以幸福心做幸福教育"。

学生心语

您的课堂内容丰富，讲解深入浅出，兼具深度和广度。既全面讲授基础知识，又针对重难点进行适当拓展，帮助同学拓宽知识面、深化对知识的理解、提升解题能力。您对新题型、新情景的讲解尤为清晰细致，引导同学快速了解新概念、掌握做题技巧。

您善于调动同学积极性，开展自主学习、合作学习，曾开展系统的研究性学习活动，组织同学以学习小组为单位就一个板块展开研究。在研究中，您细致指导同学们阅读文献、进行命题分析、尝试命制试题，并体验开题报告、中期汇报、结题报告等研究环节。这一过程不仅提升了同学们的学习效果，更为同学们在大学的科研学习打下了基础。

您管理班级认真细致，组织同学开展了丰富多样的班级活动：精心设计活动主题，将德智体美劳"五育"融入活动中；组织小组自主开展班会，锻炼同学们的组织协调能力，也为每一位同学提供了展示自我、锻炼表达能力的机会；带领同学们每天放学后到田径场跑步健身，为我们投入复习创造了良好的身体条件。

您关心每一位同学，乐于与同学们交流，帮助同学们克服学习生活中的困难。在高三的关键阶段，您引导同学们考试前后快速调节情绪，以平和的心态应对考试，更好地发挥自身水平。您带领我们班营造了温暖和谐的班级氛围，让同学们在毕业后也十分怀念。

感谢惠姐的培养和陪伴！

——2021届21班蒙瑞俊

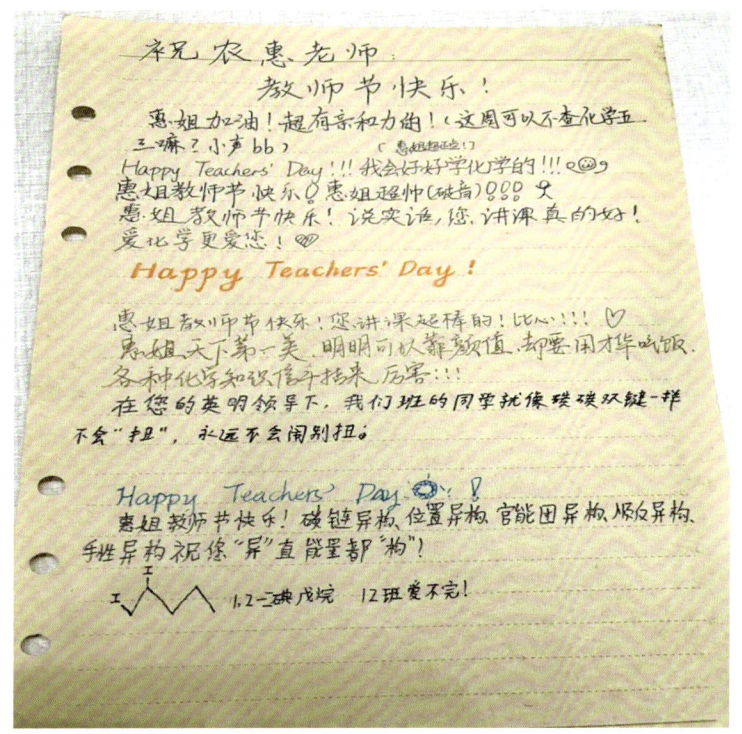

生物

出乎其外 入乎其内

—— 魏述涛

让学生从学会到会学。

魏述涛，中共党员、南宁市第三中学副校长，特级教师，正高级教师，广西教学名师，广西模范教师。曾获南宁市教坛明星、南宁市学科带头人、南宁市新世纪学术和技术带头人人才、南宁市先进工作者、南宁市优秀共产党员、南宁市先锋示范岗、南宁市"我最喜爱的老师"，以及广西基础教育教学成果一等奖和基础教育国家级教学成果二等奖、自治优质课比赛一等奖等荣誉。指导刘斯敏同学获全国生物奥赛金牌；所带班级2008级（15）班和2012级（13）班获得自治区优秀班集体荣誉。撰写的多篇论文发表在《广西教育》等期刊；主持和参加的自治区和南宁市多项课题已结题。

高中生物是深受学生喜欢的一门自然科学，之所以受学生喜欢，是因为生物学科与日常生活联系紧密。高中生物实验较多，学生在实验室中可以主动参与实验，在动手实验的过程中学习到更多生物学知识并体验到学习的快乐。但生物学科的入门是从分子生物学入手，一些知识需要相关的记忆，初学可能会感到枯燥。如何调动学生学习生物学的积极性，对教师的"教"提出了挑战。我的教育故事，要从两次参加优质课比赛说起。

2005年，刚调入南宁三中的我，被教研组推荐参加南宁市优质课比赛初赛的选拔。记得当时的课题是"神经调节"，本着让学生主动学习的理念，我设计了导学案，想以导学案开启学生自主学习的模式，达到培养学生阅读和表达能力的目的。从第一次试讲发现其中存在的问题后，我就开始一点一点修改导学案，直到打磨出一个适合学生自主学习的，兼顾了课前、课堂、课后的导学案。最后的一次试讲，自我感觉良好，带着这种自信，我走进了优质课比赛的课堂。然而，面对承办学校不同的学情，我才突然发现，我所设计的导学案只适合自己的学生。那一节课，从回顾旧知开始，可能就注定了失败。因为第一次使用导学案辅助学习，这些学生没能提前预习好当堂课的知识，很多学生只是机械地完成相关的内容，以致课堂的前半段气氛很是沉闷，学生虽然能在我的调动下参与课堂的问题解决过程，但仍不能灵活地运用知识。这种情况下，我大胆地调整了教学策略，以"问题导学"模式替代"自主学习"模式，积极引导学生解决教师和部分学生提出的问题。虽然在课堂的后半段，一些学生已经适应了我的上课模式，但时间已不允许我完成全部的内容。当下课铃声响起时，虽然完成了难点知识的教学，但整节课的结构仍不完整，我也只能匆忙结束教学。那一刻的失落无以言表，感觉真的是落寞又惆怅。我知道评委不会给我很高的分数，因为课堂中我没能很好地解决"教"与"学"的问题，没能真正将"自主学习"落实到课堂之中。一个有着10年教龄并且被学生认可的教师，却没能进入复赛，这只能说明我的教学理念还不够完善，没能把学情当成最重要的准备过程，备课还不够充分，还需要多历练。

南宁市优质课比赛结束后，我备课更加认真，听课更多，不仅听生物老师的课，还听其他学科的课，研究不同教师身上的教学特质，学习其对难点的处理技巧，心里也一直盼着能再有一次机会来展现自己的教学理念。

机会终于来了，2007年，经过学校推荐、南宁市遴选、自治区答辩，我成为第二批第二期"广西21世纪园丁工程"A类培养学员。经过两年的培训和学习，历经理论学习、课堂听课和评课，以及模拟课堂教学等环节，我感觉到自己的学科知识和教学技能都在提升。在常规教学中，我把日常的课堂当成优质课来上，努力把自己的理念和所有学到的理论应用到课堂教学中。2008年，由于在"广西21世纪园丁工程"A类学员选拔赛中表现优异，我被南宁市生物中心组推荐参加自治区优质课比赛。

这一次比赛的参赛者都是各地市优质课比赛一等奖的获奖选手，课题是提前一周告知的"减数分裂"相关内容。面对这样一节很抽象的有关细胞分裂的内容，我设计了几套方案，但最终试讲时，都没能收到理想的效果。随着比赛日期的接近，我有些焦虑，每天除日常班主任工作和教学工作外，全部精力都用在这节课的设计上了。夜深人静的时候，一个突然而来的灵感，让我对这节课有了全新的认识，那就是"模型与建模"，放在当下，这是一种很常见的课堂教学，但在当时，还没有人提出这种理念。于是，我加班加点地制作教具，不断改进，终于在比赛前一天将教具制作完成，并进行了试讲，收到了很好的效果。而时间已不允许我再进一步打磨细节了，于是，在去柳州（当年自治区优质课比赛在柳州市第三中学举行）的大

精彩教学记忆

奥林匹克竞赛（简称奥赛）辅导是我来南宁三中后才开始的。记得一次上完奥赛辅导课后，学生对我说："老师，你讲的'光合作用'的内容我都没听懂。"这让我很困惑，我是把大学《植物生理学》中有关光合作用的内容精心做了课件，一点一点梳理给学生的，但学生却没听懂，是什么原因呢？课后我对此进行了反思，总结出原因：学生毕竟刚从初中升学上来，接触生物学不久，缺乏系统知识的衔接，所以很难听懂我讲的那些深奥的理论。于是我改变了辅导策略，从初中知识入手，让学生回忆初中"光合作用"学了哪

巴车上，我一路不断地构思这节课的细节，一路梳理着以"模型与建模"为主的授课方式。还记得到了宾馆后，连饭都没吃我就去与学生见面——按比赛要求，比赛前是允许参赛教师与学生见一次面，甚至适当布置一些任务的，但我只是和学生玩了一个游戏，告诉学生当晚阅读一下这节课的内容就好了。回到宾馆吃完晚饭，我把自己关在卫生间里，对着镜子，一遍遍模拟着上课的情形，直到深夜。还好，第二天抽签抽到的是下午的第一节课，于是一整个上午，我仍在不断修改教学设计和建模方式，直到中午吃饭。俗话说好事多磨，就在下午我提前到场开始准备时，主办方的电脑突然出现了故障，我的课件总是打不开，一些动画也链接不上，真是让人着急！眼看学生都已经入场了，技术人员还在不断地查找原因，终于在第一次铃声响起的时候，问题解决了。课件是没有机会再试过一遍了，趁着第二次铃声还没响起，我走出会场，做了几次深呼吸，让自己平静下来，然后脱了西装外套，上身穿着衬衫再次回到会场，面带笑容地面对着学生。当上课铃声响起时，我大声说出了"上课"两个字，开始了我的"表演"。那一节课，我以"模型与建模"为理念，用问题串的形式帮助学生完成了自主学习、合作学习、探究学习和深度学习4个维度的学习过程，而我制作的道具也让学生和听课的评委眼前一亮，整节课一气呵成。尤其是在模型建构中，染色体模型让学生的学习兴趣激增，整个班级的学生都主动参与到课堂教学中，教师的提问和学生的提问配合得天衣无缝。下课后，学生给我的评价是：从没有感

些内容，从方程式到简单的光合作用过程讲起，再从学考水平要求切入，分析光合作用的原理，初步构建光合作用光反应和暗反应的模型；学生理解后，再将光反应和暗反应一步一步提升到大学内容，重新构建光反应和暗反应的模型。通过一级一级的模型构建，让学生逐步提升认知的能力和水平，真正让学生自主构建出奥赛所要求的理论水平，在"模型与建模"的引领下学生认识到知识是一环一环建构起来的，只要不断在基础知识层面上进行提升，就能达到学术的理论更高水平。

觉到生物课是这么有趣，学起来这么容易。而观摩听课的老师们更是全神贯注地聆听，一些老师对我说，他们和学生一样，全部被带进了我的教学中。课后，有些老师来问我要课件，更有老师来要教具，而我也把制作的教具送给了承办学校的生物老师。这一次，我没有让自己失望，也没有让南宁三中的教研组失望，甚至没有让评委失望。有评委说，这节课的模式，将是未来课改的教学模式，此语成真，后面的两次课改中，很多学科都提出了"横型与建模"的课堂教学模式。后来，这节课被广西师范大学生命科学院收录在了微格教学中，一直作为微格教学法教学的一课。

  两次参加优质课比赛，我都是年龄最大的选手，虽然有着一定的教学经验，但初次参赛失败也说明：教学不能凭经验，要有创新，要主动思考，不能只凭以往积累的一些不成体系的教学理念去应对全新的教学情境，尤其面对不同的学情时，要有不同的教学思路和方式方法，这样才能将真正的教书理念落实在平时的教育教学中。

学生心语

  记得我的班主任魏述涛老师说：玩就痛痛快快地玩，学就踏踏实实地学，玩得快乐，学得才快乐。这就是南宁三中，只有在南宁三中才能释放天性，才能在玩中学到很多很多。玩时要全情投入，学习才会充满激情，这样的思路就是南宁三中能学能玩的基础。在完成活动之后，我们会自动把重心完完全全地放在学习上，没有杂念。这样充满激情地去学，学习质量明显好过被老师赶鸭子上架，花更少的时间学得却更好。这一点大概是老魏教给我的相当重要的一课，如果自己决定去做一件事，就充满激情地去做，只有不留余力，才能不断突破自己的极限。

——2008级15班许旭辉

一生挚爱　缘起三中

——易志锋

听到的可能是短暂的，看到的可能是表象的，用心理解过、亲身体验过的才是更深刻的。让学生感受到知识的乐趣，在学习过程中有收获；激发学生的内驱动力，让学习变得自发和可持续；乐于与学生在感受生命科学的过往、发展和未来中一同进步。

易志锋，南宁三中2001届高中毕业生，南宁三中生物学竞赛总教练，全国中学生生物学竞赛金牌教练，广西生物学奥林匹克竞赛优秀教练，广西基础教育名师青蓝工程培养对象，南宁市优秀教师，南宁市高层次人才，南宁市生物学科中心组成员，南宁师范大学校外硕士研究生导师。先后获南宁市、广西、中南六省（区）优质课比赛一等奖，有课例入选教育部"基础教育精品课"遴选工作"部级精品课"，获4届南宁三中"我最喜爱的教师"、3届南宁三中"我最喜爱的班主任"、3届南宁三中"奥赛金牌教练"等荣誉，所带南宁三中首届生物化学竞赛班获"南宁市优秀中小学班集体"称号。培养的学生先后在全国中学生生物学竞赛获4枚金牌、6枚银牌、18枚铜牌，120余人获省级一等奖，40余人被清华大学、北京大学录取。

记不清何时，南宁三中走进了年少的我心里，悄然成梦，待到发觉时，她已经在心中生根、萌芽，指引着我前进的方向。1998年，我何其幸运，走进了梦想中的圣地，梦想成真。此后3年，我如痴如醉地从南宁三中这片沃土中汲取着营养和能量，重塑自我个性，烙上了南宁三中的印记，在快乐中日益成长。高中毕业后的12年里，我在遥远的大西北一直凝望和关注着母校，偶尔回乡探亲，总忍不住偷偷溜进母校校园，走在熟悉的校园小道，坐在绿意盎然的草坪，看着红瓦白墙的教学楼，仿佛还能听到书声琅琅、师长教诲以及同学们的欢声笑语。过往的种种美好总能触及心底，打开心门，让思绪一直停留在过去。每当这时，我总觉得我很幸运、很幸福。

2013年夏，我重投母校温暖怀抱，历尽千帆后归来，我仍是当初那个少年。但作为南宁三中曾经的学生和现任的教师，在工作中会有更多不一样的感触。

回到南宁三中后，我连续担任了8年班主任，每一届学生各有不同，但我始终乐意分享自己的高中经历，用自己最情真意切的感受启发学生们。某届高一新生军训刚结束的晚上，黄同学找我谈心，非常礼貌又抱歉地提了一个问题：他能不能转学回宾阳？在短短一周的军训时间里，黄同学的表现可说十分优秀，完全符合我对南宁三中学生的期待：三观正，待人接物得体自然；身体协调性好，军训动作标准，喊口号时声音嘹亮且充满力量，是班级军训阅兵队伍的领头羊；性格开朗、阳光活泼，训练间歇期已经组织篮球爱好者打了几场球，有较好的组织协调能力。就是这

精彩教学记忆

2016级高一文理分班，学校决定成立竞赛班。我身为学校生物竞赛总教练，同时担任首届生物化学竞赛班班主任。2018年8月16日至20日，第27届全国中学生生物学竞赛（简称国赛）在湖南省长沙市第一中学举办。风云际会，聚集了全国240位生物学竞赛顶尖选手的国赛现场，大家摩拳擦掌，各显身手。南宁三中的卢同学、高同学、罗同学表现优异，入选广西生物学竞赛代表队，我作为带队教练也一起参赛。8月20日，随着闭幕式现场扣人心弦的成绩揭晓环节的到来，我们取得了一金一银一铜的好成绩，开创了生物学竞赛校史上同年斩获金牌、银牌、铜牌的先河。正当我赶到高铁站准备乘兴而归时接到了电话，国赛金牌获得者卢同学对当天下午的面试深感压力，情绪几近崩溃。在国赛前的清华大学夏令营里，卢同学笔试成绩优异，排在全营前40名，无奈面试成绩实在不理想，最终一丁点的自主招生优惠承诺都没有拿到，她的确失望至极。往届的国赛金牌获得者都是可以直接签约保送的，增加面试环节，这是当年才开始

的，也难怪她压力巨大。

返回长沙市第一中学的路上，我通过国内竞赛圈的朋友打听清华大学面试的信息。回到现场后，就在校园一角，我们一边分享彼此掌握的资讯，一边平复心情。她回忆在清华大学夏令营面试的细节，我则分享了自己在广西基础教育名师青蓝工程面试选拔时的经历，我们相互启发、相互提问，寻找闪光点和不足之处，尝试制定面试策略。最后，我们达成共识：需要准备一段流利的自我介绍，最好中英文两手准备；自我介绍内容应该是自己特别了解的领域，不去触碰自己害怕被提问的危险话题；在自己最擅长的话题上展示有吸引力的生命科学专业术语，留下可提问的话题切入点；勇敢而友善地注视考官们尤其是C位考官，适当减慢语速甚至巧妙停顿，给面试考官提问的契机……我们甚至还一起模拟了面试的基本过程，在模拟过程中继续完善。

人生没有一帆风顺，努力过就可以坦然面对任何结果。最终，卢同学拿到了清华大学降一本线录取的承诺，并在高考中如愿拿到647分的好成绩，实现了梦想。

么一个班团干部的好苗子，开学伊始却提出转学，我属实有些诧异。经过坦诚交流，我了解到黄同学最大的心结是原初中学校只有他只身来了南宁三中，整个朋友圈都留在了当地，他有点孤独，也有点独自脱离团队而过意不去的负罪感。

我出生于南宁市江南区的一个山村，在那个优秀生由上中专为主流转型到上高中，而整个郊区只有前几名能上南宁三中的年代，在经历乡村小学、城镇初中后，我只身一人来到南宁三中。彼时的交通远没有今日便捷，我早早地过上一学期只回家一两次、只能以校为家的生活。一个人的出身和经历大体可以决定他的见识和思维方式，进而塑造其性格。记忆里我可能本就是个内向腼腆的人吧，初来乍到，我也有过自卑，有过迷惘，有过无所适从。如今想来，我没有就此沉沦，最主要的原因是我及时地发现了南宁三中的优秀和美好。南宁三中之美不仅在于景色之秀丽、声名之远扬，更在于同学之优秀与友好、师者之智慧和大爱。南宁三中师者之智慧和大爱是声名远扬的，因此我也慕名而来。我的那些可爱的同学啊，他们见识广博、无所不知，但又毫不张扬甚至低调得略显平凡；他们积极阳光、爱运动，充满青春朝气；他们幽默搞笑、雅俗共赏又友好包容、乐于分享。在我还小心翼翼不知如何与他们相处之时，在一次次深夜的宿舍故事分享中，在一次次的校道同行和高谈阔论的欢声笑语中，在球场上一次次挥洒汗水的竞技对抗中，在课前饭后的形影不离中，我们早已在不知不觉间亲密无间了。就在这样的轻松氛围之下，我顺利度过了最初的彷徨期,并且在此后的3年里,我从他们身上不断发掘闪光点,打从内心里认可、欣赏他们,以他们为榜样和模板,激励自身,重塑自我。我始终相信,只要我像他们一样,像我所理解的南宁三中万千学子一样——乐观积极地对待学习、思考生活,阳光豁达地为人处世、待人接物,我也会成为外人眼里的优秀代表,也会得到他们的一声赞叹。多年以后,每当有人夸我阳光、乐观、积极、智商和情商双高的时候,我总是会心一笑:我知道这得益于在南宁三中的3年成长经历给我烙下的印记,我也终于成长为和我当年身旁优秀同学相似的人,而这只不过是南宁三中学子该有的模样。每当有家长说小孩内向、懒散、对事物不积极、对生活不热情时,我总是自信地告诉他们,来南宁三中的选择无比正确,家长和孩子所热切期待的,未来3年都能拥有,选择南宁三中,南宁三中定不负于你。情谊不会抵消,人不会因为新友谊的出现而怠慢了旧友,真正的友谊像美酒,历久弥新,只会越发醇厚。如今,我的同学们早已在各行各业中脱颖而出,成为各方翘楚,但大家都共同感念在南宁三中的成长经历,大家的共同感受都是同学之情历久弥坚,每当欢聚,总能聊起那时候的很多细节,仿佛一切刚发生在昨天。

再一次,如同每一届班级组建后的第一次班会谈心,又如同每一届毕业班临别时的感言,我禁不住又把自己在南宁三中的成长、收获、感悟,以及过去我以南宁三中为荣,今日及未来我仍将一直以南宁三中为荣的自豪感毫无保留地分享给了黄同学,就像我认定的宝贝也希望得到别人相同的认可一样迫切。庆幸的是,他打消了转学的念头,给了自己一个感受南宁三中、爱上南宁三中的机会。那3年里,我不时能看到他发挥所长,助人为乐,带着自己的正能量和同学们打成一片;不时听到同学们说他融入班级并引领同学们创造新的班级文化。我想他应该也享受着南宁三中带给他的成长和快乐,和我一样真爱南宁三中。不负南宁三中的人,南宁三中又怎么会辜负于他呢?

此时此刻,当我回忆起这段经历,我其实是有点担心的,我担心的是我对南宁三中的挚爱遮蔽我的眼睛,从而影响了我对此事的判断。于是,我在QQ上联系了张同学。张同学如今在北京某著名"985"高校读着自己喜欢的专业,对现状满意,对未来充满信心。当提到想把这个片段写进教学故事里的时候,我是有些许担心和不确定的。但当张同学回复"好的好的,哈哈哈……完全没事"的时候,我释怀了。我完全能够感受到他的爽朗和洒脱,一如我所认识的南宁三中万千学子。在与张同学短短20多个短句的文字对话中，他说了4次"谢谢老师"，发了5个各种笑的表情包和25个"哈"。除了感慨和感谢我当时的疏导，张同学非常希望能够给学弟学妹们传达他的感悟：真正相处得好的朋友就算不常联系，再见亦是知己！大家一定要坚定在南宁三中学习和成长的信念，收获一定会多于预期，未来诸事皆美好。

学生心语

如果让我用一个词描述对您的印象，那必然是如沐春风。课上您博闻强记、思维精巧、活力四射，让我们无限崇拜；课下您温柔耐心、阳光积极、风趣幽默，永远是我们追的星。因生物竞赛而聚，在花草世界里与您结缘，而您对我的帮助远不止于植物学的"界门纲目科属种"。即使我自认心态调整能力算强，在国赛诸多压力和烦恼面前，也不可控地心生焦虑和不安，在焦躁情绪逐渐蔓延，心态接近崩溃之际，您持续的关怀与指引几乎成了我精神支柱般的存在，帮助我顺利度过艰难而关键的阶段。对您，我始终怀抱着最大的感激。

传道、授业、解惑，尽己所能成就学生，您就是我心目中老师的理想模样。

——2021届傅杨

政治

教育是一场幸福的遇见

—— 姚 敏

学高为师、身正为范，宽严相济，给学生爱与陪伴，共塑信仰、共同成长。

姚敏，中共党员，南宁市第三中学政治教研组组长，正高级教师，南宁市学科带头人，南宁市第十一批新世纪学术和技术带头人，南宁市先锋示范岗，首届南宁市普通高中新课程新教材实施政治学科教学指导专家，南宁市政治学科中心组成员。曾获广西基础教育教学成果二等奖，优质课比赛全国二等奖和南宁市一等奖。南宁三中"我最喜爱的老师"、"我最喜爱的班主任"、优秀科研工作者、优秀共产党员等荣誉；所带班级获"自治区优秀班集体"和"南宁市优秀班集体"称号。主持和参与多个自治区级和市级课题研究，发表多篇论文，承担多次市级研训专题报告；指导7位青年教师在自治区级、市级各类赛课中获一等奖。

"三尺讲台，三千桃李，您用自己深厚的学识为我们筑下沃土，您在轻松愉悦的课堂上和我们交流人生感悟，分享家国情怀！遥遥领先是您让我们获得的成绩，敏而好学是您教我们养成的习惯。您尽职尽责，无微不至，您就是我们独一无二的敏敏子！"每当看到这段"我最喜爱的老师"的颁奖词，满满的成就感和幸福感就涌上心头。"学高为师，身正为范"，二十五年的职业生涯，我努力探索和践行着这句话的真谛，体验着教师职业的平凡和伟大，见证着这场幸福的遇见。

学高为师　共塑信仰

心有所信，方能行远。在教学过程中我发现很多学生对思政课存在误解，认为学政治背书就可以了，没有真正理解思政课的意义和价值。在长期的教学实践中，我和同事一起探索出"知、信、行"的思政课堂教学模式，通过"获取知识、产生信念、形成行为"三个连续的过程，将教学环节逐步深化，把育人目标层层推进，有效实现政治学科核心素养的教学目标和思政课立德树人的育人目标。在教学中重视培养学生正确的世界观、人生观和价值观，帮助学生提高政治素养，坚定理想信念，拥有家国情怀，自觉成长为担当民族复兴大任的时代新人。

中学时代是学生求知生涯的黄金时代，在这一阶段，教师扮演着至关重要的角色，作为一名思政老师，我深知自己任重而道远，一直铭记师傅的谆谆教诲："专业一定要强，赢得课堂才能让学生认可；为人一定要正，人格高尚才能让学生信服"。生命不息，学习不止，向师傅学习，向同事学习，向书本学习，向社会学习，和学生一起学习，实现教学相长。如今作为老教师的我，在课余也带领组里的年轻人加强学习和研讨，不断探索灵活、开放、多样的课堂教学形式，把具有时代性、方向性、政治性、创新性的新理论、新思想融入到课堂设计中，激发学生的学习兴趣，提高学业成绩，坚定"四个自信"，实现思政课的育人功能。

身正为范　共同成长

时光不语，静待花开。教育就是一场爱的遇见，我始终坚信每个孩子都是一粒种子，虽花期不同，但总会美丽的绽放，通过爱的耕耘成就孩子也成就自己。有一年教师节，我收到了一个毕业多年学生的电话，平时他都是通过短信问候我，那年教师节特意打电话来和我分享成功的喜悦，原来，他刚刚开办了自己的律师事务所，电话中他告诉我说："老师，每当遇到复杂的案件，为此感到无助时，我都会想起当年您参加全国优质课比赛时在办公室自己给自己打气的情景，当时我去交作业，看到您握紧拳头对自己说，姚敏你可以的！姚敏加油！高中三年每当我们遇到困难打退堂鼓时，您总是鼓励我们勇敢迎接挑战，总是和我们一起想办法克服困难，您用行动告诉我们认定目标就坚定的追求，相信自己！在创业的过程中您的乐观、自信和满满的正能量一直影响和鼓励着我，谢谢您！"桃李不言，下自成蹊，老师的一言一行、人生的态度和追求、做事的方式和心态，都会潜移默化地影响学生，用信仰去植根信仰，用生命的体验去影响另一个生命的成长，润物细无声，传递榜样的力量。

宽严相济　包容体谅

俗话说"严师出高徒"，严格要求确实重要，但营造一个宽松的学习环境，更有利于学生形成健全的人格和张扬个性，曾经我认为只有严厉批评和惩罚才能教育好学生，在教育中偏离了爱的方向。记得那年我带高三，班级规定"不允许带扑克牌进校园，否则一

精彩教学片段——微课《百年风华　初心不改：党的性质和宗旨》

微课《百年风华　初心不改：党的性质和宗旨》（10分钟），遵循学生的认知规律和情感认同规律，分"信物—信念—信心"3个环节层层展开，有效落实"党的性质和宗旨"这一教学重点，实现"认同中国共产党的领导，认同人民立场是中国共产党的根本政治立场，认同全心全意为人民服务是中国共产党的根本宗旨"这一核心素养的教学目标。本微课获得了自治区德育"精彩一课"一等奖第一名。具体教学环节如下：

【环节一】信物——薪火相传

活动设计：

1.展示"百年信物"展厅，播放视频，设置任务：展厅中信物背后的共产党人拥有的理想信念是什么？

2.分享3件信物背后的故事。

目标达成：

1.本环节采用情景体验教学法，通过播放"百年信物"展厅视频开展教学，符合学生的认知规律和情感认同规律，

激发了学生参与课堂的积极性,增强了"认同中国共产党的领导"这一核心素养。

2.学生通过浏览展厅中不同历史时期的信物,直观生动地理解中国共产党的性质,认同人民立场是中国共产党的根本政治立场,引导学生自觉成长为担当民族复兴大任的时代新人。

【环节二】信念——坚如磐石

活动设计:

1.分析阐述中国共产党的性质、根本政治立场和根本宗旨。

2.展示习近平总书记在庆祝中国共产党成立100周年大会上的讲话的相关内容。

目标达成:

1.引导学生理解中国共产党的先进性,理解人民立场是中国共产党的根本政治立场,全心全意为人民服务是中国共产党的根本宗旨。

2.引领学生感悟中国共产党人的精神谱系带给我们的力量,明确中国共产党人的初心和使命,就是为中国人民谋幸福、为中华民族谋复兴。

【环节三】信心——强国有我

活动设计:

律请家长",学生也理解和认同,市一模之后的晚自习,发生了让我怒发冲冠的一件事——三个女生在教室里打牌。我在教室大发雷霆!犯错的女生战战兢兢地打电话让家长到学校,孩子和家长都向我道了歉,当时我并没有觉得自己哪里做得不对,班上一直到毕业再也没有出现过打牌的情况,但当我看到那三个女孩子一直情绪很低落时,我才意识到自己的处理方式伤害了她们,虽然犯了错应该受到处罚,但只需把她们叫出教室,问问她们怎样对自己的行为负责,即使请家长来学校她们也能接受,但我当时只讲原则和纪律,丝毫没有考虑学生的感受和自尊。毕业第一年,没有收到她们的任何信息,内疚的我主动就那件事向她们道歉,她们回信说:"老师,要道歉的应该是我们,其实一直想问候您,又怕您还在生气,没有原谅我们!"看到信息的我更加自责,孩子们对老师是宽容的,只要你对他们付出过爱心,那么你曾经的冷言冷语甚至暴跳如雷,他们都可以原谅。宽严相济,在坚持原则的基础上再多一份包容,多些中肯的批评和真诚的希冀,相信孩子能够认识和改正错误,相信老师也将收获更多的爱和尊重!

爱与陪伴 互相滋养

师者的仁爱之心,是平等与共情,是让每颗心灵都得到滋养,在平等和自由的环境里,人往往会心情舒畅,思维活跃,有利于掌握知识和技能,促进个性的发展。基于此,无论是课堂教学还是班主任工作我都会努力创造平等、自主的教育教学氛围,关注不同发展层次的学生，耐心解答学生提出的每一个问题；让每一个学生在学习体验中享受成功的乐趣；把人文的关怀、生命的感悟和人生的热爱传递给学生，师生在心与心的交流，情与情的碰撞中引发共鸣，共同成长。

教师的日常工作是琐碎与平淡的，但平凡的日子也是幸福相伴的日子，是可以见证很多孩子成长的日子。不管是担任科任老师还是班主任，我都尽量陪伴学生一起度过平平常常的时光，一起设计和参与每一个班级和学校的活动，一起分享成功的喜悦和满足，一起分担前行中的焦虑和困惑……忘不了每届高三的成人礼，正式而隆重，盛大而震撼，见证学生的成长与奋发，感恩与担当；忘不了盛夏的泼水节，一起沐浴清凉和祝福，一起享受放松与狂欢，迎接高考的挑战；忘不了每次的促膝长谈，那是心与心的交流，爱与爱的互换……有人说陪伴是最长情的告白，作为父母如此，作为老师亦如此，无数个平凡又难忘的瞬间，成就了珍贵的师生情谊，这份情谊源自灵魂的芬芳，化作萦绕心间的幸福，永远珍藏于天地间。

1.和学生一起朗读中国共产党的主要创始人之一李大钊先生的《青春》（节选）。

2.设置"喜迎二十大　奋进新时代"的活动，布置任务：登录人民网，在《领导留言板》专栏积极参与"新时代新青年一起为国家发展建言献策"活动。

目标达成：

1.通过朗读中国共产党的主要创始人之一李大钊先生的《青春》（节选），引导学生不负青春、不负韶华、不负时代。

2.通过让学生参与人民网《领导留言板》专栏建言献策的活动，引导学生紧跟时代，积极参与国家和社会公共事务，提高学生"公共参与"的学科核心素养，坚定伟大复兴强国有我的信心，永远听党话、感党恩、跟党走！

结　语

一份春华，一份秋实，在教书育人的道路上我收获的是一份份充实的、沉甸甸的情感。茫茫人海中，能够相遇便是一种缘份，如果还能与你——我亲爱的学生一起度过最好的青春年华，那便是幸运了，这样的幸运属于我，一名高中政治老师。

教育就是那一场场幸福的遇见！

我们的青春

—— 陈小妤

温良和善播撒真爱的种子，春风化雨传递真理的力量。

陈小妤，高级教师，南宁市学科带头人，广西优秀思想政治教师，广西思想政治优秀教研组长。曾获自治区、南宁市优质课比赛一、二等奖，广西基础教育教学成果一等奖（主持）、二等奖、三等奖（参与），广西社会科学优秀成果三等奖。担任政治教研组组长16年，南宁市高三中心组成员、兼职教研员13年，国家级、自治区级、市级优质课比赛评委13年。拥有16年高三教学经验、12年高三文综组组长经验。主持或参与多个自治区级、市级课题，已结题7个；指导青年教师参加全国级、自治区级、市级比赛，获奖21人次；开展各级各类示范课、专题讲座50场次以上。

我的青春——有你

我小时候就有一个教师梦。那时我家住的是仿苏联式建筑的宿舍楼，长长的走廊，家家户户门对门。同龄的孩子们一起上学、一起玩耍，假期也没人管，我就在家里挂一块小黑板，像模像样地教那些比自己年龄小的小伙伴读拼音、认字、写字，在大人们赞许的目光里，"孩子王"萌发了长大要当"正牌老师"的愿望。

从师范学院毕业后，我被分配到南宁三中，印象中那是离家特别远的一所中学，每年去青秀山春游或秋游途中都会经过学校的大门，公交车到终点站之后还要步行10多分钟才能到达，属于远离城市中心的郊外了。尽管一直向往着校园，但没有想到要到离家这么远的地方工作，我有点不甘心，带着这种情绪，直到最后一刻才到学校报到。

初进南宁三中，一切都很陌生，我内心曾对自己说："我喜欢校园，但我不喜欢这里。"

改变我的，是一群比我小几岁的高中生。我们相遇在南宁三中校园里，他们没有嫌弃我初登讲台的青涩，也没有抱怨我初做班主任的稚嫩，而是把所有的尊重和热爱毫无保留地给了我。

每天听到"老师好"的问候，每天看到课堂上专注的眼神，还有课间休息时递上来的喉片，晚寝检查宿舍时塞给我的奶糖，班级卫生被扣分时怕我生气的集体道歉，我生病在家时他们辗转登门看望，郊游时全班每个人都要轮流与我合影……我的心被学生们的爱意滋养着，变得更加柔软与温暖。

精彩教学记忆

在这个世界上不用费任何努力就能得到的是什么？是年龄。在不用费力就增长的年龄中，怎样的人生才是有价值有意义的呢？在讲授哲学最后一课《价值的创造与实现》时，我采用新闻中提到的"一张A4纸"作为导入。

假如人这辈子平均寿命是75岁，那么人生仅有900个月。如果用一张A4纸画一个30mm×30mm的表格，每过一个月，就把一个小格子涂色，你的人生就会在这张A4纸上显示出来。

请大家试着画画人生的A4纸，想想已经过去的16年有遗憾吗？看看剩下的空白格子还有多少？我们将如何去描绘它？

通过画出自己人生的A4纸，学生们感受到被量化的人生其实很短暂。我接着说，已经过去的人生不能重来，我们只有向前走，假如每个人的一生都是一张A4纸，人生的价值就不在于生命的长与短，而在于意义与精神。

为了讲好"实现人生价值的主观条件"，让学生从具体可感的事例中进行理性思考，我讲述了一段亲身经历。

因为这些纯洁可爱的学生，我喜欢上了这个校园。

青葱岁月，流年似水，工作年复一年，学生一批又一批，有的名字我已经不能完全想起，但30多年的从教岁月是被学生的爱推着前行的。因为得到学生的珍惜和关爱，我不敢急功近利，不敢懈怠，唯有努力向前。疲惫的时候，看看卡片上学生的留言，看看照片中学生的笑脸，看到他们认真的模样，我的疲惫就会消散，就有了坚持的勇气和动力。

在这个校园，我找到了作为教师的初心，在细碎的时光中守望使命，内心变得越来越丰盈、坚定，并且越来越对这份工作爱得深切。

你的青春——有我

30多年的教学生涯中，我有一半时间是担任高三毕业班的教学工作，能陪伴那么多孩子一起走过人生中独一无二、刻骨铭心的高三旅程，和他们一起成长，见证他们奋斗的青春，我感到幸福和满足。

在那些日子里，我更深刻体会到"教室里的每一个孩子都是一个家庭的整个世界，都是国家的未来和希望"的含义，我努力地履行教师的职责，用发展的、信任的眼光看待每一个学生，公平地对待每一个学生，对在学习上遇到困难的学生给予更多的关心，让教室里的每一个孩子都能获得有爱、有温度的帮助。

2008年6月，高考第一天晚上，学生们在教室里安静地自习，为第二天的文综和英语考试做准备。突然，一个学生的笔掉落地上，发出"啪"的一声轻响，其他同学都未在意，有一个女生却被惊得浑身一震。

塞伦盖蒂国家公园位于坦桑尼亚北部，这片1.47万平方公里的大草原拥有世界上种类最多、数量最庞大的野生动物群，吸引了各国游客前往观光。

乘坐的专用车辆一进入草原，手机就没有网络也没有信号了，所有的路都是车轮轧出来的土路，没有固定方向，在辽阔的草原上，几乎没有什么参照物。有一天，在去帐篷营地的路上，天色已暗，司机说最担心路上长草，我纳闷：长草对开车有影响吗？当我们的车披星戴月地穿过又高又密的草丛到达目的地之后我才明白，雨季的时候，非洲的尖毛草会在一夜之间长得比人还高，茂密的草丛会遮挡视线，使人找不到原来的路。我们问司机没有导航是怎么找到目的地的。他笑着指了指夜空中闪亮的星星。哦，原来在茫茫的大草原上，星星指引着方向。人生不也是如此吗？有了理想，才有目标，有了目标，才不会迷失方向。

这次旅程，我见识了非洲的尖毛草，它的生长过程非常奇特。在最初的6个月，为了抵御食草动物的啃食，它几乎是草原上最矮的草，只有一寸高，但在半年后，雨季到来当我和这个女生目光相遇的时候，我发现她眼里噙着泪水，我赶紧示意她走出教室。在楼道内，我心疼地抱住她的一刹那，她"哇"的哭出声来。我静静地拥抱她，让她痛痛快快地哭了一分多钟，之后她才说出了哭的缘由。原来，上午的语文考试，她没有安排好时间，作文还没写到800字就不得不交卷了，下午的数学考试也不理想，晚餐吃不下，整个晚上心神不宁，感到特别绝望。知道原因后，我向参加过高考评卷的语文老师询问了作文不够字数的扣分标准，告知她，情况并不如她想象的那样糟糕，还列举了之前一些学姐的实例，安慰她已经丢的分不重要了，重要的是全力以赴应对下一场考试，减少失误，在后面的考试中把丢掉的分数争回来。经过一个多小时的交流，这名女生慢慢平复了心情。第二天早上，我如约和她一起吃早餐，进考场前一直鼓励她。这名女生终于克服了心理障碍，顺利完成了文综和英语两科考试。之后传来好消息，她的文综考试取得了当年全区第一名的优异成绩。

2016年秋季，在我新接手的高三班级里有一个女孩，她性格比较内向，政治学科的成绩特别突出，但其他学科的基础则比较弱。别的同学下课围着我问问题的时候，她会站在旁边认真地听，却没有主动来向我请教过问题。经过向班主任了解，我才知道她家住在市郊，考入高中后学习变得吃力，进入文科班后，语文、数学、英语成绩不太理想，她感到自信心不足，老师找她谈话，她也是小心翼翼的。

经过一段时间的观察，我发现她其实是一个很努

尖毛草在短短几天就会长到两米多高！人们惊讶于它疯长的速度，却不知，在长达6个月的旱季里，尖毛草都在扎根土壤，其根部竟然长逾20米！

尖毛草扎根大地，不动声色地积蓄力量，等待一场大雨的降临。我们实现人生价值，既要仰望星空，又要脚踏实地，自强不息，不断打牢道德根基，苦练本领，增长才干。在人生的A4纸上，高中阶段只是一段很短的行程，我激励学生：现在所走的每一步，都是在为将来铺路，要好好珍惜，悄悄拔尖，然后惊艳岁月，创造有价值的美好人生！

力的学生，学习能力不比别人差，只是缺乏自信心。此后，我在课堂上经常表扬政治成绩优秀和有进步的同学，每次优秀生里都有她的名字，同学们由衷地为她鼓掌，我看到她不好意思的表情里有掩饰不住的高兴。众望所归，她被选为政治科代表，我们有了更多的接触，她开始和我聊一些别的话题。她说她不敢向老师请教问题，怕老师说她基础差，问的问题太简单。我就向她介绍班级各学科老师的特点，打消她的顾虑，教她如何与老师交流，从什么问题开始问。慢慢地，她开始主动和其他学科的老师沟通了，这一转变给了我很大的鼓舞。

有一次，她流露出自己已经输在了起跑线，再怎么努力都没有用的情绪，我便给她讲了许多南宁三中学子在校读书和毕业后自强不息的实例。人生不是短跑，而是一场马拉松，我告诉她：高中只是这场马拉松的一小段，马拉松从来没有人抢跑，所以绝不会输在起跑线上。有梦的孩子不怕路途遥远。她若有所悟，整个高三阶段一直在努力，不断取得进步，后来考上了某师范大学政治教育专业，现在已经完成了研究生阶段的学习。

我祝贺她毕业时，她回复说："老师，我要走你走过的路。"那一刻，一股暖流荡漾到我的心底。

高三的日子"年年岁岁花相似"，但"岁岁年年人不同"。

每一届的高三都充满了挑战，有喜悦，也有遗憾，很辛苦，但更多的是幸福。听着学生们高声朗读，我感到幸福；看到学生们专心听课、认真做笔记，我感到幸福；为学生们答疑解惑后听到一声"谢谢老师"，我感到幸福；能帮助学生们打开心结，我感到幸福；看到学生们梦想成真后欣喜若狂的样子，我感到幸福；收到学生们来自远方的问候，我感到幸福……

正是学生们给予的幸福，让我一直眼中有光、心中有爱。

30多年过去了，现在我要说："我仍然喜欢校园，我喜欢的校园的模样就是南宁三中的模样！"在这里，我遇到了很多人、很多事、很多温暖。在这里，有值得珍藏一辈子的记忆。

学生心语

To 小好姐姐：

时光碰撞，平行线交汇的瞬间。(关于我和我爸都是您的学生，感谢小好姐姐的教导之恩)

小好姐姐，听我说谢谢您，因为有您，温暖了四季 ♥
爱你~

by 雷晓慧

To 亲爱的小好姐：

政治课真的是我每天最期待的课啦！真的很喜欢小好姐给我们放电视剧！很感谢小好姐组织的课前演讲，给予我们个人展示的机会。真的很荣幸能成为您的学生，能当您的学生真的是一件很幸福的事，我真的好舍不得您啊！每次去问您问题，您都是面带微笑，很耐心地给我解答，您真的是我见过最温柔、耐心的老师了。最后，希望您能天天开心，身体健康！小好姐，您是我的神！

辛雯婷

To 小好姐：

感谢您这一年多来对我们的教导，在您的课上我们不仅获得了知识，更学到您身上的一些美好品质。在短暂的高中三年中遇见您，是我的荣幸之至。祝您今后身体健康，万事如意。

曾思华

To 小好姐：

在高一下到高二下这三个学期里，政治课一直是我最喜欢上的课，这不仅是因为您总是荡漾着的笑颜以及亲切的鼓励，也因为您精彩的讲解。从您的眼神中，我读出了您对教育的热忱和对学生的关爱，这也是我最喜欢您的原因。即使高三会有一位新老师带领我们踏上一段新的旅程，但正如您所说，您永远会在我们的身后，我们会带着您的期待越走越远的！

谢谢小好！最后祝您身体健康，万事如意！

From 莫珂

小好姐：

这次真的很舍不得与您告别。您是我见过的最温柔的老师，总是挂着亲切温和的微笑，让人心生暖意。我有些怂，有时真的不太敢问老师问题。可自从第一次找您，您的鼓励亲切的话语、详细的解答，使都成为一种鼓舞人心的力量，激励着我。我不再胆小，有解决不了的问题，我可以从您那找到答案。您说能看出我们对您的喜欢和靠近，您对我们的鼓励又何尝不是一种关心呢？在校道上碰到您时，您都会扬起温柔的笑，有时还会随便跟我们聊一两句，再平常不过的话语却占人如沐春风。

还记得您在去年教师节收到我们的赠言后，眼眶有些湿润地说起您的感受，说起您的即成为老师之后的想法。那个时候我们真的能深深地感迅到您对学生和教育的热爱，为之感动。您给予我或许台阶上的帮助，给予我推开那扇名为胆小惧怕的门的力量，真的非常感谢您。因为您，我喜欢上政治，喜欢您在课上侃侃而谈的政治知识，我的政治也在渐渐进步。我会继续努力学政治的！

谢谢您，小好姐。您送给我们的祝福意义非凡，愿带着您的祝愿，走过一段高三的元涯远行，一路人声鼎沸，一路鲜花盛开。也祝您，春风化细雨，桃李满庭芳！万事如意，心想事成，注意身体！

陈胡晓

To 小好姐：

幸运地，我在高中生活的第一节政治课就遇到了您，更幸运的是在高一下分班之后仍是教我政治。两年时光如流水般逝去，仍记得您上课时温柔的声音，仍记得您晚自习下班在灯下为我们解疑答惑的身影，更难忘您不时出的种种。您给予了我们巨大的鼓励信任，所以，与我们心。

千言万语无法表达我的感谢，但一句"谢谢您"是我一直想说的，谢谢您的付出，谢谢您的奉献，谢谢您的鼓励。最后，愿您以后能天天开心，万事顺利，一切心想事成！

by 黄静秀

亲爱的小好：

　　看到这对信有没有很惊喜呢？9号那天准备了好多话在台上想要讲给你听，可惜没有太多时间让我上台，那就写信和你聊聊天吧，不要嫌弃我废话很多呀～

　　第一次见你是高一的政治课，你走进教室的那一刻，我刚好摘下眼镜，模糊的视线里走进一位留着长发、身材高挑、气质优雅的女老师，心里想着，天仙下凡也就这样了吧。戴上眼镜之后惊奇地发现你长得好像我的妈妈，不敢说一模一样，但至少也有六七分相似，不过你俩的性格不一样，你实在是太温柔了，散发着母爱的光辉。

　　你上我们班课那会儿，总是有好多人去找你问问题，我也想去，但是我真的没有问题要问。有一次放学后，你还在教室外讲题，我的机会来了。为了找问题问，我飞快地做了几十道选择题，错了好多，我去找你，结果几乎每一道的错因都是因为我急躁而没有仔细审题，讲到后面我都觉得自己好可笑。但你始终都非常耐心地给我讲解，还叫我说，不要急，慢慢来。哇，你是什么神仙老师，怪不得小好姐一直都是学长学姐心中的女神级人物。

　　你上课也总是温声细语，遇到琐事也是波澜不惊。更别说疫情期间你的录屏课了，时间长短刚刚好内容满满，还有开头的小鸡汤，都很暖暖的。晚自习看到你走在走廊的身影，总给人很大的安心，何其荣幸高三一直有你在。上高三后我的政治成绩都不太稳定，有时不错，有时倒数，我很着急，去找了你，你说，不要怕，把框架背熟，一切都会好起来的。你总是很相信我们，相信我们可以，一定会有好结果的，你的话都是很大的鼓励。

　　我想我可能这辈子都不会遇到像你一样的政治老师了，你耐心的讲解，温柔的鼓励，还有像妈妈一样温暖的怀抱，都会永远留存在我的记忆深处。真的好舍不得你呀，我会想你的，你也要记得我们哦，我们一直都很爱很爱你，是很爱很爱，很多很多。

　　最后的最后，衷心地祝愿我们最美丽的小好：万事顺心，天天开心，永远美丽，无忧无情！

Ps：用"您"太拘谨了，原谅我用了"你"~

黄珊
2020.7.17

历史

扎根教育创品牌 向史求真育人才

—— 李 杰

完美的教育是符合学生发展的教育，最有效的教育是深入学生心灵的教育。

李杰，南宁市第三中学副校长，正高级教师，广西教学名师，特级教师，北部湾经济区优秀中青年专业技术人才，首届自治区基础教育教学指导委员会委员，首届自治区基础教育教学指导委员会教学成果培育与推广指导专委会委员，南宁市专业技术拔尖人才，南宁市教坛明星，南宁市首批名师工作室主持人，南宁市新世纪学术和技术带头人培养人选（第一层次），南宁市学科带头人，南宁市优秀青年专业技术人才，广西民族大学、南宁师范大学研究生导师，广西教育科学研究院兼职教研员。曾在《历史教学》等全国有影响力的杂志上发表论文60多篇，出版著作8部，主持参与自治区级、市级课题10多项，在2017年广西首届基础教育教学成果奖评比中荣获特等奖1项、一等奖1项、二等奖3项，其中2项成果在基础教育国家级教学成果奖评比中荣获二等奖。2019年获广西基础教育教学成果奖一等奖3项。

后发展地区在基础教育领域如何"填谷抬峰",直面基础教育领域的多重困境,打造具有全球视野、宏观意识和责任意识的教学团队,这是我们面临的问题。

近年来,南宁三中坚持扎根教育,牢牢依托从教26年,有17年班主任、9年高三年级组组长经验的李杰教师率领的历史教学团队,直面学科发展三大困境,用"求真、求实、求创新"的理念,以"四轮驱动"为抓手,为广西历史教育在全国的"品牌打造"奠定了坚实基础。

直面基础教育历史学科三大难题

"历史教育差距大,高考导向抓不住;课堂'填鸭''创新'忙,学生认知效果差;年年高考年年'烤',学生成绩无突破;团队发展无动力,学生成长没空间。"

南宁三中校区副校长、南宁市学科带头人李杰在长达30多年的教育生涯中,对广西中学历史教育现状有了深入骨髓的了解,他率领的团队研究表明,困扰广西中学历史教育提升的核心原因有以下几个。

一是对教育理念墨守成规与矫枉过正。

在中学历史教师中,一度盛行这样的想法:历史教育就是帮助学生简单记住教材中的历史知识,让学生获得好成绩。"不管白猫黑猫,只要考试成绩好,就是好猫。"把教材作为唯一知识来源,采取简单应付考试的"死教学"模式,课前预习、课堂教学、课后练习都死死围绕教材知识,反复训练,导致学生被动围绕教材知识记忆学习,思考空间很小。在填鸭式教学做法下,充满生机活力、波澜壮阔的历史画卷无法呈现出来,学生学习的唯一目标就是死记硬背历史教材或资料,争取考出好成绩。

二是历史课堂教学"创新"失误。

"自主、合作、探究、创新"是最近10年历史教师说课、上课、赛课、评课的基本思想。但在具体操作过程中,存在着脱离课堂实际、教材实际、学生实际的状况,片面追求课堂热闹,生搬硬套别人的东西,教学课堂中充满各种活动：阅读、讨论、辩论、观察、表演、分析……学生焦头烂额，但真正思考的时间很少。

三是研究性学习步履艰难。

教材容量持续增大，中学历史教学课时少、压力大，使得在规定的时间内完成教学任务相当吃力。于是就出现了压缩学生自由思考和动手学习的时间，教学时只注重知识的灌输而轻视实践应用、重视学科的系统性而忽视学科知识间的相互联系和交叉渗透等问题。

四轮驱动力促历史教学深层突围

对此，南宁三中历史教学团队采取了以下做法：

——向史求真，滋养家国情怀卓见成效。

在教学实践中，以教学立意为灵魂升华文本，形成具有学术思想特色的教学方法，力争营造宽松、民主、平等的课堂氛围，激发学生的情感，坚定学生学习的意志，进而形成积极的学习动机。将行云流水的历史叙事与严谨周密的史料实证、历史解释融入课堂的流程中，深度挖掘学科营养、培育学生素养，使其在学生的认知中有机融合，课堂中师生融洽，在这种师生角色转换中，使学生的个性得到充分发展。主张加深对教材的理解，讲课以激情感染学生，重视授课提纲的提炼。课堂上或是以风趣吸引学生，或是以激情感染学生，看似普通的话语也透露出睿智与哲理，进而形成各具特色的教学风格。

——主张"情境·思辨·对话"的教学。

李杰老师所主张的历史思辨性课堂，是指师生围

精彩教学记忆

材料一：两位皇帝的生卒年份

秦始皇：公元前259年至前210年

汉高祖：公元前256年至前195年

一般我们都以为秦始皇嬴政和汉高祖刘邦，两位开国君主，是属于两个不同时代的人。但实际上，他们之间只有3岁的年龄差。他们曾经在同一天空下生活了47年，经历了战国和大秦帝国两个时代，七国争雄的余绪延续30余年而一统结束，秦帝国强暴专横10余年又濒临崩溃。（李开元：《秦崩：从秦始皇到刘邦》，生活·读书·新知三联书店，2015）

这个材料对于学生而言，一是有思维上的冲突，激发学生学习的好奇心，即秦始皇嬴政和汉高祖刘邦几乎生活在同一历史空间，为什么他们的命运和性格会如此不同？二是有助于学生在后面的学习中更好地理解刘邦的行为方式。

（一）楚人刘邦之困惑

当秦始皇50岁驾崩时，47岁的刘邦作为沛郡丰邑（公元前286年至前223年属于楚国管辖）泗水亭长起兵反秦，最终

建立大汉帝国。

问题：身为楚人并颠覆大秦帝国的刘邦，在建立汉朝之后会如何选择管理国家的地方行政制度呢？

材料二：秦始皇三十六年，有坠星下东郡，平地为石，黔首或刻其石曰"始皇帝死而地分"。

——史记（司马迁：《史记》卷六《秦始皇本纪》，中华书局，1959，第259页）

"分封作为一种延续了几千年的历史形态，其自身就有一股强大的惯性力量。"（周骋：《项羽分封新论》，《淮海文汇》1996年7期）材料二的石刻或许正是这种惯性的民间表现。这种惯性让当时东方六国的旧民并不能接受秦始皇的大一统的中央集权专制制度，存在着普遍要求分封的社会势力，他们热衷于进行复国运动，所以秦末农民战争以六国后裔最为积极。楚人项羽作为反秦斗争的领军人物出面安排灭秦后的政治格局，他自立为西楚霸王，并分封了十八路诸侯，其中刘邦被封为汉王。后来刘邦率军打回关中，西出函谷关，与项羽争天下。为与项羽争霸，刘邦一方面"据秦之地""用秦之人""承秦之制"

绕一个任务主题，借助主题情境，设定主问题，进行分析、判断、推理，形成认知共识的探究性教学活动。思辨性课堂指向学生高阶思维、学科关键能力和核心素养培育，意在引导学生围绕陌生情境调动所学知识分析、解决问题。基本范式是：1.深入历史，重返历史现场。基于课时主题选择适当的材料创造问题情境。2.矛盾—质疑。紧扣课时主题和相关材料设计问题链，创设条件鼓励学生质疑与提问。3.证据—思辨。引导学生在探究的过程中掌握探究的方法。4.结论—反思。引导学生在解决问题中反思。通过一系列结合实际的教学改革，李杰老师在2002年广西历史展示课评比中荣获一等奖，2012年指导谭亚娟老师在全国历史展示课评比中获得一等奖，2018年指导李南老师在全国历史展示课评比中获得一等奖。

——由点及面、串线成体的学科构建思路。

言而无文，行之不远。最近10多年时间，李杰老师在《历史教学》《中学历史教学参考》《中学历史教学》《基础教育课程》等全国历史教学领域影响广泛的期刊发表60多篇论文；主编或参与编写广西师资培训用书《课改后校本教研新方式》《广西社会》《红色广西》《历史课标解析与史料研习：世界现代史》等，为广西普通高中制定教育政策、教育投入决策、教育管理模式改革、课程教学改革实施等提供有益参考与依据。主持广西"十三五"规划重大委托课题"高考综合改革背景下广西普通高中选课走班、分层教学模式研究"。

——推己及人的分享思路，让贫困山区共享优势教育资源。

李杰老师率领的团队不仅在教育领域取得了突出的成就,还乐于将自己的经验无私地分享给同行。在校内,肖光等10多位年轻教师已经成为南宁市有影响力的青年教师;在区内,团队成员先后受邀赴那坡、都安、凤山、凭祥、龙州、天峨等地60多所学校做课堂观察和教师专业化发展等专题报告。

(陈苏镇:《〈春秋〉与"汉道":两汉政治与政治文化研究》,中华书局,2011),另一方面也分封诸侯王。

南宁三中历史教学团队崛起的多重启示

南宁三中历史教学团队历时多年,从注重学科研究、单一学科发展,逐渐演变为关注文史哲全面发展、理工科全面借鉴的模式,给中学历史教学领域以巨大启示。

启示一:中学基础教学在新高考改革背景下,应迅速摆脱"应试教育"的"死套路",帮助学生走思维提升、能力提升的"活"路子。

作为高考领导小组成员,李杰老师积极谋划高考备考,带领文综教师积极探索文综的备考和应试策略,为南宁三中2009年、2010年、2011年连续夺得广西高考文综状元作出了突出贡献。

启示二:后发展地区中学基础教育领域单一学科突破,需要有持之以恒的韧性和打造人才团队的耐性。

打造团队是学科发展的核心基础。2002年以来,李杰老师率领历史教学团队进行持续不断的研究、思考,逐渐形成了一整套有创意、有传承的教学团队文化。2018年获得全国历史展示课一等奖的历史老师李南说:"从涉世未深的年轻老师到优秀青年教师,离不开李杰等名教师的悉心指导，他们的道德文章正是我的楷模。"

启示三：后发展地区中学学科教学要取得好成绩，必须"跳出学科看科学，跳出区域看全国，跳出中国看世界"，形成全球视野和大局观。

聚焦学科教学研究的同时，李杰老师率领团队进行系统性的研究，2008年起主持自治区重点课题"基于课堂观察的有效教学策略研究"，在全国率先开展课堂观察理论与实践研究，并在学校尝试开展有主题、有目标、有方法、有积淀、精致化的传统教研活动。研究过程中，李杰老师与团队成员先后在广西各地市举办课堂观察专题讲座。

积极外出交流，厚积薄发的效果日益显现。李杰老师的团队2009年指导廖诗竹同学获得了南宁市青少年科技创新大赛一等奖，2012年指导杨玉姗、许莹、彭思琦、罗岚丹、韦永垚等5名同学获得了广西青少年创新科技大赛一等奖，2016年指导李自昊同学获得了广西青少年科技创新大赛一等奖……

启示四：中学基础教育形成单一学科突破优势之后，应迅速发力，向更多学科延伸，并从细枝末节提升到顶层设计，形成在全国范围的学科影响力。

以高质量文章、高层次科研课题为突破口，坚持大幅度、广泛参与全国历史教学权威教材的方式，代表广西深刻引领全国历史教学走向。

学生心语

作为一个喜欢在互联网上"键政"的中年男士，在猛敲键盘和网友激辩国际政治及其历史经纬的时候，我总会想起我高二的历史老师李杰。当时高二文理分科，而李杰老师也刚来到南宁三中工作，我们班级算是他带的第一批学生。初次上课，他镜片后面那双智慧而又略带"狡黠"的眼睛，以及少见的不带口音的普通话，给我留下了深刻印象。李杰老师上课生动有趣、富有激情，除历史课本里的知识外，他还经常给我们讲述很多史料（当然也包括一些野史八卦），让原本枯燥乏味的作为高考学科的历史变得鲜活起来。现在回想起来，李杰老师通过这些"超纲"的历史教学，让我们站到了更高的、更全面的视野看待历史事件、历史人物，明白了很多问题不是非黑即白的，在一定程度上培养了我们的思辨性思维。这对一个未成年的高中生来说，比提高他的考试成绩影响更为深远。李杰老师是一位亲切的师长，虽然他在高三并没有继续教授我们班级，但我们这批他曾经的学生无论是在生活还是学习上总喜欢向他寻求帮助，他也热心帮忙。在高三，听闻我参加大学自主招生考试，李杰老师在考试前一晚主动联系我、单独给我梳理历史学界的全球史观及可能的考题方向。他对学生的热心和尽责，每当回想起来我都感动不已。

——2009届零俊凯

在我印象中，我的高中历史老师李杰老师不仅是一位认真尽责的历史老师，更是一位博闻强识、思想开放的学者。或许也是一种特别的缘分，高中三年的历史课都是由李杰老师教授的。现在想来李杰老师的历史课总是能让我们大开眼界、开拓思维，为我们科普不少课本之外的历史知识，课堂深入浅出，知识脉络十分清晰。李杰老师一直培养我们的独立思辨能力，让我们学会以客观理性的方式看待历史事件。最令我受益匪浅的是，李杰老师教会我们要敢于质疑、敢于挑战权威，告诉我们不要迷信权威，要以自己的方式去看待问题。这是第一次有老师告诉我们能去质疑答案，能去自由地表达自己的想法，极大地激发了我们的创造性思维。后来因为大学所学学科与历史学科有交汇的地方，我曾经多次向李杰老师请教相关历史问题，并请老师推荐一些历史阅读书目。李杰老师悉心地为我解答困惑，并为我推荐合适的阅读书目。显然，老师在精研高中历史教学的同时，还关注并吸收历史学界的学术研究，近年来也听闻老师又创造了不少学术成果。李杰老师可谓是终身学习的典范，我也期望着自己能够像老师一样能够保持对工作的钻研、保持对学术的热诚，也祝福老师能在工作和学术上取得更瞩目的成果！

——2015届罗云方

夯实历史沃土　厚植育人初心

―― 马志民

  坚持课堂至上、学生为主，真爱学生、相信学生；坚持课堂教学问题化，课后辅导个性化、细心化、耐心化。教学中坚持用史料说话，回归历史本原，把纷繁复杂的历史简单化、线索化，让学生在历史学习中感悟中华文化的博大精深、中华文明的源远流长和生生不息，进而主动融入实现中华民族伟大复兴的时代洪流之中，快乐成长。

  马志民，高级教师，南宁市学科带头人，广西优秀历史教师，南宁市高中历史学科中心组成员，南宁市首届普通高中新课程新教材实施历史学科教学指导专家。2007—2018年担任南宁三中历史教研组组长，长期从事高三教学及文科实验班、特训班教学工作。曾获自治区、南宁市历史教学优质课比赛一等奖，所带班级获得自治区、南宁市优秀班级集体荣誉。曾在南宁、柳州、桂平、平果、田东、巴马等地开展高三备考示范课和高考备考讲座。主持和参与自治区级、市级科研课题并已结题。参与编著《高考复习指导及训练·历史》等教育丛书，在《历史学习》《广西教育》等区内外报刊上发表过多篇教学论文。

1992年7月，我大学毕业后被分配到南宁三中工作。南宁三中坐落在青秀山脚下，南湖湖畔，离市区较远当时只有一路公交车支线定时路过南宁三中到青秀山，虽然交通不是很方便。但学校环境幽静，倒是读书学习的好地方。

刚到南宁三中工作，学校安排我到高二年级任教。那时，我们的办公室在现在的校史馆一楼西边，政治、历史、地理老师同在一间办公室。办公室只有我是年轻老师，其他老师都是南宁三中资深的教师。与我同在高二年级教历史的周芝香老师工作严谨，教学经验丰富，深受学生爱戴。虽然即将退休，但周老师经常伏案备课，课本上到处是密密麻麻的标记、注释、笔记，有历史概念解释、教学重难点的突破、教学内容的延伸和补充等。在与老教师们的交流、跟班学习、听课备课中，南宁三中教师的敬业、专注、奉献、不断学习、自我更新的精神深深震撼了我，老教师们的言传身教，对我的职业发展、教学专业成长产生了深远的影响。

作为年轻的教师，初涉讲台，如何快速融入南宁三中，如何迅速提高自己的教育教学水平，是亟待解决的问题。经过一段时间的学习、探索和借鉴，我给自己的教学做了这样的规划：一是虚心旁听老教师们上的课，吸收、内化老教师们的教学方法和手段；二是以备课为突破口，在备课教学中积淀和成长；三是以高一到高三为一个循环，从熟悉课本、写好教案提升入手，在一个循环结束后，再根据不同年级、学生的特点对原有的教案进行更新完善。备课是教师教学专业成长和教学质量提升之母，经过几年的听课、学习和实践，我逐渐形成了自己的备课风格和方法。在备课中，我第一步是确定每一节课的主题，即这节课的中心和魂。第二步，打破并重组课本内容，以每节课的主题为主线，重新构建以主题为中心、利于学生认知的知识结构，如以时空为序，厘清重大事件及其内在的联系，把纷繁复杂的历史知识简单化、线索化、结构化。第三步，精选史料，设置问题，以问题为导向，启发学生思考，理解历史事件的内涵，并能学以致用，使教学既有基础性，又有深度和广度。第四步，精选高考习题，所选题目应是对本课重点内容的"点睛之题"，或是对所讲知识点的延伸拓展和补漏。第五步，对主干知识、重大事件和历史概念进行必要的拓展延伸，开阔学生视野并培养学生的学科素养，使其掌握历史思维能力。第六步，在课后进行教学反思，把课堂中的一些感悟和灵感，及时记录在本课的教案中。我多年来一直延续这样的备课教学并不断加以完善。每一个新学年，每次带新的学生，我的教案、课件都会及时更新，我绝不会照搬前一学年的教案、课件，也从不把别人的课件照搬到课堂。我认为这是一种教学态度，也是教学的积淀，更是教学的与时俱进。

1996年9月，我第一次带高三年级，当时南宁三中的班数并不多，一个年级就8个班，文科2个班，一科一个人带，完全依靠自己。作为刚开始带高三的年轻教师，对此我既感觉动力十足，也感觉压力重重。但凭借初生牛犊不怕虎的闯劲，我带的第一届毕业班在1997年的高考中取得历史学科平均分为南宁市第一的好成绩。此后，经过2000年、2002年、2003年、2006年的高三教学积淀和经验的累积，2007—2014年、2017—2019年，学校安排我负责文科实验班（特训班）的教学备考工作。实验班教学是我教学生涯中的一次挑战，也是我提升教学水平的又一次机遇。实验班学生一般都有很好的学习习惯，自律性强，有自己的学习规划，因此，我认为对实验班应该进行有针对性、个性化的教学与辅导为主，一定要以学生为主，让学生自主地学习。第一，研究学生，建立学情档案，实行导师制。对实验班学生的学习方法、思维、心理、应试能力的辅导应当重于知识的辅导。第二，研究高考，服务于课堂教学。研究高考试题，感悟高考命题的立意，是确定单元复习的重点和方向的重要依据。

精彩教学记忆

1. 与学生同做题。

带高三的时候，有一次，一名学生拿了题目来问我，他问的题目没有做任何标记，我知道他是心中做了题，这样问是想看老师的答案与他的答案是否相同。在给他解题时，我萌发了在课堂上与学生一起做题的想法。于是，在进行选择题限时训练时，我宣布与同学们一起做题，看看谁的正确率高，同学们很是兴奋。师生一起做题，拉近了师生间的距离，活跃了课堂，提高了教学效率。

2. 历史上的今天。

学习历史，学生问得最多的问题是：为什么我背完书很快又忘了？平时在批改周测试卷、作业时，我发现学生的时空观比较弱，对历史重大事件的发生记忆较为混乱，经常张冠李戴。为了解决这一问题，我萌发了让学生自己动手搜索历史重大事件的想法。于是，我让学生分组，每个学生准备一天，搜索历史上的这一天发生的重大事件，阐释这一事件发生的原因、大致的经过、产生的影响等，并记录下来，每个小组负责每月出一份小板报。这一方法不仅提高了学习历史的趣味性，调动了大家学习历史的积极性，而且还能筛选出当年高考复习备考中的周年大事、热点大事，提高学习成效。

3. 历史重大事件连着讲。

在高三二轮复习备考时，我督促学生默写每一历史时期的重大事件时，突然想到，如果让学生把这些历史重大事件用自己的语言讲出来，效果会怎样呢？于是，上课时我抽出10—15分的时间，把复习到的相关单元的重大事件列出来，然后叫5—10名学生站起来把这一单元里有相互联系的重大事件串联起来，用自己的语言重新组织成一句话或一段话并讲出来，课后再让学生把重新串联组合的重大事件写下来。这样的讲、写训练可以帮助学生把看似孤立的历史重大事件联系起来记忆，是训练史论结合的有效之法，也有利于学生宏观地掌握历史知识，提高学生历史学科思维能力和历史解释的能力。

例如，在复习抗日战争有关内容时，通过对历年高考题的研究，我发现很多题考查的核心都是"合作"的问题，由此，我就确定了抗日战争知识的复习重点和方向，即合作是抗日战争的主题，它包括国共合作、全民族抗战，中国与反法西斯国家合作——抗日战争是世界反法西斯战争的组成部分。这样的复习备考重点突出，方向明确，实效性强。第三，创建合作、竞争、自主的学习氛围。文科学生需要大量的自主时间对学科知识进行梳理、总结和消化。这种自主学习，就是学生根据自己的目标，制订计划，积极主动地去获取知识、解决问题的过程。爱因斯坦说过："提出一个问题，往往比解决一个问题更重要。"没有总结反思，没有思考，就没有质疑，就没有问题和创新。在实验班的教学和辅导课上，我经常要求每个学生把自己平时在做题中遇到的问题汇总起来，大家互相讨论，在争鸣中发现问题，在争鸣中解决问题，课后再把这些问题整理归纳，大家共享，以此激励学生不断地去探索学习、自主学习，培养学生发现问题、解决问题的能力。优秀生的培养是一项系统、综合的工作，关于优秀生的培养，我认为重在细节、重在引领、重在解惑、重在总结反思。我经常跟学生讲，青出于蓝而胜于蓝，是你们成就了老师，是你们激励老师不断地提高，从这一角度看，名师是由学生炼成的。

2022年是我在南宁三中任教30周年，30年弹指一挥间，我也从学生眼中的"小马哥"变成了"老马"，我的血脉里已深深融入南宁三中"真·爱"的基因，我亲身经历了南宁三中这30年来的艰难坎坷，也亲身经历了南宁三中这30年来的辉煌成就。如今的南宁三中已走向了良性的发展大道,衷心祝愿南宁三中的明天越来越好!

学生心语

马哥,我是石榴郡(16班)的覃依依,前几天我们都在军训没能给马哥及时送来教师节的祝福,今天来补过了。还记得去年的这个时候,我们才刚上马哥的历史课,那次晚自习去问问题,发现老师拿着我们的点将盘在认大家的名字,顿时被老师的细心感动了;还记得当时的我对历史很没有信心,但是老师没有嫌弃我还鼓励了我几次,于是乎马上开始大爱历史,结果高考文综考得最好的也是历史;还记得马哥讲的"举手之劳写上民族危机加深""基础不牢,地动山摇"之类的话语;还记得我们在梁启超的画像上加上了头发,特像马哥……如果依依和石榴郡的高三没有马哥那是完全不可想象的。祝马哥事业有成,天天开心!

——2008级16班覃依依

坚守教育初心　勇担育人使命

—— 吴　红

立德树人，以史育人。用爱心、赏识和智慧构筑心灵的桥梁，让学生接受最温暖的教育。通过灵动课堂激发学生的学习兴趣，拓展学生的历史视野，培养学生的核心素养和创新精神，使每一位学生在思考和探索中体验到学习的快乐、成功的喜悦。

吴红，南宁市第三中学校区副校长，正高级教师，特级教师，教育硕士，南宁市学科带头人，广西民族大学硕士研究生导师，广西教育研究院初中历史学科中心组成员，南宁市初中历史学科兼职教研员，广西"国培计划"骨干教师培训专家，南宁市中小学教师专业技术水平评鉴专家，南宁市吴红特级教师工作室主持人。曾获评广西中小学"空中课堂"优秀课例，全国及自治区、南宁市初中历史优质课比赛特等奖、一等奖优秀指导教师，广西优秀历史教研员，南宁市"品质课堂"建设优秀教师，南宁市优秀学校少工委主任，南宁市委教育工委优秀共产党员、优秀党务工作者，2项广西基础教育自治区级教学成果奖二等奖，3项南宁市基础教育教学成果奖二等奖，南宁三中"我最喜爱的教师"、优秀科研工作者等荣誉。主持和参与6项自治区级课题并已结题。

文化是一个民族和国家的灵魂。2017年1月,中共中央办公厅、国务院办公厅印发《关于实施中华优秀传统文化传承发展工程的意见》,要求中华优秀传统文化教育与教材及学校课程建设深度结合。《义务教育历史课程标准(2022年版)》规定:"了解并认同社会主义先进文化、革命文化、中华优秀传统文化,认识中华文明的历史价值和现实意义,增强民族自尊心、自信心和自豪感。"非物质文化遗产是我国优秀传统文化的重要组成部分,它本身蕴含丰富的历史文化知识和宝贵的科学艺术价值,是学校教育的天然素材。广西是多民族聚居地区,在地方文化中包含丰富的民族特色文化。2017年以来,围绕学生们感兴趣的广西非物质文化遗产项目,我以"渗透·体验"为模式,将课堂教学与课外实践相融合,努力打造有高度、有深度、有温度的历史课堂。通过口述历史的方法,鼓励学生走近当地非物质文化遗产,收集有形和无形的文化资源,建立对它的理解,并将这一理解向当地社区传播,加深学生与社区的联结,以及加深社区民众对当地文化的理解和认同。

南宁是一座自带"老友味"的城市,南宁人都心怀一份"老友情"。老友粉是广西壮族自治区南宁市的本土特色美食,于2007年入选第一批南宁市级非物质文化遗产名录,2008年被列入第二批自治区级非物质文化遗产名录。作为土生土长的南宁人,我对老友粉有着特殊的记忆和眷恋。带着这份"老友情",我在南宁三中初中部青秀校区开展了"核心素养背景下非遗主题地方特色课程建设研究——以南宁地方特色小吃老友粉为例"的探索与实践。

为了促成这一研究的顺利进行,我带领青秀校区的年轻教师苏艳华、陆兆佳等着手成立了本校区的口述历史社团,取名"菁茂史社"。这是社员们集思广益,从具有120多年历史的南宁三中老校歌中的一句"譬如新簧,菁茂匪穷"中摘取出"菁茂"二字,寓意社团在青秀这个新校区根植厚重的传统,如嫩竹般节节高升,发展壮大。社团成立至今已培养了100多名社员。为了更好地展现菁茂史社的特色,社员们自己设计了社团Logo(标志),以铜鼓中的飞鸟纹为元素,植根传统文化,展现社团的史学特色,希望菁菁学子不忘历史,知其来处,飞鸟振翅,明其去向。设计的Logo可以运用到项目活动当中,衍生出诸多项目成果。菁茂史社以培养学生历史学科兴趣为宗旨，以校外实践为活动内容，鼓励孩子们走出校园，走向民间，用脚步倾听文化的声音。

菁茂史社成立之后，我首先对社团成员进行访谈模拟培训，内容包括背景研究、访谈提纲草拟、口述访谈技巧、模拟访谈、访谈抄本制作、访谈抄本分析、非虚构历史写作指导、访谈经验分享等。接着，我带领菁茂史社来到自治区级非物质文化遗产保护名录——南宁老友粉传承基地共一老友粉店，实地展开了第一次访谈。同学们饶有兴趣地采访老友粉第四代传承人韦女士，通过访谈，他们了解了老友粉的发展历程，这中间饱含着南宁人的记忆，饱含着传承人的心路历程，更凸显了工匠精神。访谈结束后，同学们实地考察了老友粉的制作过程。返校后，他们根据访谈内容认真进行了抄本分析并开展问卷调查，提出了老友粉发展的意见和建议。在访谈心得分享会上，同学们踊跃发言，分享访谈中的所见所闻所感。2017级林子惟同学说："每一种职业都有自己独特的工匠精神，如钢铁工人独特的工匠精神是精益求精，钻井工人独特的工匠精神是铁人精神……老友粉制作人也一样有自己独特的工匠精神——敬业与专注。我们应该学习这些工匠精神，在学习和生活上发扬和传递这些精神，提高我们的学习效率和生活质量。"我鼓励并指导学生参加了首届全国青少年工匠文化征文活动并获得优秀组织奖，提升了学生的核心素养，培养了他们的家国情怀。为了总结老友粉口述访谈研究的方法，我带领团队制作了微课《"足音"口述历史课程案例

精彩教学记忆

"走近三月三，探究广西民族文化"——项目式跨学科主题学习成果汇报

历史教育的重要使命是落实立德树人的根本任务，培养学生历史学科核心素养，使学生初步确立正确的历史观、民族观、国家观和文化观。2019年6月，《中共中央 国务院关于深化教育教学改革全面提高义务教育质量的意见》指出："着力培养认知能力，促进思维发展，激发创新意识。""探索基于学科的课程综合化教学，开展研究型、项目化、合作式学习。"《义务教育历史课程标准（2022年版）》在"课程内容"部分增加了"跨学科主题学习"，体现了历史学习方式的变革。

在2022年广西"壮族三月三"到来之际，我组织学生在历史学习的基础上，融合道德与法治、语文、地理、化学、生物、艺术、体育等多学科知识，开展"我身边的节日——广西'壮族三月三'"单元主题探究活动，研究主题为"壮族三月三"的传统节日习俗。全班分成5个项目式学习小组，确定实践研究的主题子项目，包括节日源流小组、节庆活动

民歌篇——山歌小组、饮食文化之五色糯米饭小组、节庆活动体育篇——抛绣球小组、节庆活动舞蹈篇——芭蕉香火龙舞小组。学生以小组为单位，按照任务分工展开校内外实践研究，课堂是同学们展示自我的舞台，小组代表娓娓道来他们的研究成果：节日源流小组代表首先上台介绍"三月三"的起源、不同朝代"三月三"的节日习俗，当今"壮族三月三"的发展状况。山歌小组代表上台介绍唱山歌习俗的演变与发展，从文学角度分析山歌的歌词文本、唱山歌的功能及其演变，全班同学还合唱了《山歌好比春江水》，在优美动听的歌声中大家感受到了广西之美。五色糯米饭小组代表从地理和历史角度探寻五色糯米饭风俗来源及其演变、文化内涵和使用价值，结合生物知识分析了五色糯米饭制作材料的选取；小组成员还播放了他们制作五色糯米饭的图片、视频，展示五色糯米饭染色方法和制作工艺。抛绣球小组代表上台介绍绣球的形态和制作工艺、抛绣球活动的基本规则和流程，从历史和道德与法治角度探讨传承绣球制作工艺的必要性。芭蕉香火龙舞小组代表介绍芭蕉香火龙舞的起源、芭

篇——老友粉》，并在广西历史教研等公众号上发表和传播，为利用口述史方法进行研究的其他团队提供了借鉴方法；发表在《中国教师》2019年第9期的论文《依托非物质文化遗产，打好家国情怀的底色——以广西"非遗"主题地方特色课程建设为例》，荣获第二届"足音"口述历史项目师生作品评选活动一等奖。南宁三中青秀校区2018年被授予"广西地方文化口述史校本课程基地学校"称号，并在首届中学生工匠文化征文活动中获得优秀组织奖；2019年、2020年获得"生命证言公益活动"最佳组织奖。2022年，我指导学生参加广西中学生中华优秀传统文化记录征集活动，荣获初中组历史写作一、二等奖指导教师奖。

2020年，我利用在马山县马山中学为期一年的支教活动之机，积极发掘当地优秀民族文化课程资源。壮族会鼓习俗是国家级非物质文化遗产代表性项目，历史悠久，影响广泛，形式多样，内涵丰富，是民族记忆与文化认同的有机结合。它反映了壮族人民在适应环境历程中所迸发的生命力量与独特创造力，是中华鼓文化的重要组成部分。我在马山中学成立了口述史社团——鼓韵咏史社团，指导学生访谈该校会鼓少年韦宏华和他的姨父梁耀京。梁耀京老师是国家级非物质文化遗产代表性项目壮族会鼓自治区级传承人，韦宏华同学从两岁半开始，便跟随姨父走上学习会鼓之路，他一直记得姨父的教导："民族文化要代代相传、后继有人。"他十年如一日，坚持传承学习壮族会鼓，成为马山远近闻名的少年鼓手。品学兼优的他，还是同学们学习的榜样。我邀请梁耀京老师走进马山

中学，定期给同学们传授会鼓技艺，每天下午放学时间，马山中学壮鼓队的鼓声气势磅礴，声传四方，鼓乐震天，成为一道亮丽的风景。三宝社团社长黄浩辉同学自豪地说："每晚的训练让我学会了坚持，感受到了广西民族文化的魅力。我们要刻苦训练，让民族文化在校园得以更好地传承。"

历史教学评价以培育学生核心素养为出发点和落脚点，在评价方式上，我对学生参与的活动采取了校内外结合的过程评价，并积极探索增值性评价，关注每一位学生的发展。评价内容包括资料收集、成果创作、成果展示、问题意识、应变能力、情感态度、总结反思等，重点测量学生在实践课程中是否生发了对人生、社会、历史的理解，从而推动学生更加关注身边的历史文化，渗透中华优秀传统文化教育。此外，我还通过学生自评、互评和师评、家长评等多维度对学生进行综合评价，实现中华优秀传统文化教育质量的有效提升。

我以非物质文化遗产为主题，在广西构建地方特色课程的教学研究与实践，在目标上服务于学生的人文底蕴、责任担当、社会参与，在实施方式上服务于学生的科学精神、自主发展、实践创新，在资源上取材于地方非物质文化遗产，为培养学生家国情怀核心素养提供本土化的养分。

蕉龙的制作工艺及舞蹈的表演形式；从地理、历史和艺术、道德与法治角度分别分析解读芭蕉香火龙舞文化内涵及传承情况。汇报结束后，我让同学们思考两个问题并进行探讨——广西"壮族三月三"独具特色的原因、广西民族文化与中华文化的联系；同时，完成相关作业：结合语文、美术、化学、信息技术等学科知识，制作"壮族三月三"宣传资料（可绘制宣传手册、漫画、手抄报，拍摄短视频，等等）。本次活动学生通过小组查阅材料、探访博物馆、口述访谈等多种形式，将自主学习、合作学习、探究学习和跨学科项目式学习有机结合起来，有利于青少年弘扬传承中华优秀传统文化，铸牢中华民族共同体意识，坚定文化自信，增强责任担当。

学生心语

亲爱的红姐：

见字如面，给您写信的此刻，我刚刚完成了我的毕业实习。经过这段时间的实习，我有许多感触与您分享。

还记得当初与您分享我选择师范院校时的紧张和忐忑。对于教师这一行业的选择能够从迷茫渐渐变得坚定，是您的鼓励和学生时代您的以身作则给了我勇气，也渐渐丰满了我心中教师的形象。

还记得您在课堂上总是娓娓道来，细细述说着古今中外。您人很好相处，和蔼还不容易生气，您的历史课我总是听得很轻松。您总能把解题的过程简单化，让我能明晰思考方向。当然，我向您学到的并不只是知识，还有心态、面对困难的解决策略等。当年您在前往考场的路上走在我身旁给我鼓励，至今让我印象深刻、倍感温暖！

如今，我即将正式进入教师行业。是您让我知道，教师可以是匮乏知识的充盈者，慷慨赠予学生深刻的思想；还可以是引路人，温柔又坚定地站在学生的身旁，用渊博的学识和儒雅的风度影响学生。现在我站在人生新旧道路的交汇点上，内心想到的不是孤独与路长，而是波澜壮阔的海和天空中闪耀的星光。

师恩如海，永铭心间。少不更事的青春里，感谢有您的陪伴。我能遇见自己喜欢的好老师、好榜样是多么幸运而幸福的事情！

——2012届黄梦竹

地理

以钟灵毓秀　论纵横经纬

—— 毛秀英

  以人的发展为本，提倡课堂的民主性和开放性；以问题为导向，以真实情境为载体，突出知识的涵养和生成；注重素质教育，全力落实地理学科四大核心素养。

  毛秀英，教育硕士，正高级教师，南宁市学科带头人，广西普通高中地理学科基地主持人，南宁师范大学硕士生导师。曾获广西优秀地理教师、南宁市教育系统优秀共产党员、南宁市教育科研先进个人、南宁三中"我最喜爱的教师"等荣誉。有丰富的高三教学经历和多年的备考经验，教学张弛有度，科研严谨认真，近几年主持和参与自治区级、市级重要课题10多项，发表论文11篇，成果突出。

精彩教学记忆

核心素养背景下，教师应该在教学中关注学生体悟，而不是结果导向。课堂教学中的情境教学，深受学生喜爱。在"农业区位选择"课程教学过程中，我设计了故事主题情境教学，把故事主题情境和教学内容相结合，贴近学生生活，通过故事跌宕起伏的情节和内在的逻辑关联去吸引学生的注意力，提高学生的兴趣。

柏拉图曾经说过："良好的开端是成功的一半。"课堂能迅速吸引学生，精彩的开头很重要。

师：20世纪初有一位美丽的新西兰女教师来中国旅游，一个偶然的机会，她得到了猕猴桃的种子，将其带回新西兰，她该把这些种子种到哪里呢？（通过设置美好的故事情境，激发学生积极思考）

学生提出了迫切想了解的问题。

生：猕猴桃有怎样的生长习性？新西兰的领土轮廓是怎么样的？新西兰的经纬度位置如何？

这时，老师给出以下材料。

材料一：猕猴桃原产于我国，新西兰引入栽培，将改良

"砖头理念"，让同学们的笑脸永远洋溢在课堂内外

岁月如梭，不知不觉中我从事地理教学已经27个年头了。高中时代我选择的是理科，高考后被文科专业——地理录取，那时候还有些失落。但27年来深耕地理教育，让我有了意料之外的惊喜和热爱，从"天选专业"的茫然到乐在其中，地理老师这份工作和教育工作者这份事业，让我收获满满的成就感和荣誉感，尤其是看到学生们微笑着学习地理学科并取得好成绩时，心中更是感念：和学生们、同事们徜徉天地、纵横经纬，深潜到课本的"方寸之间"，倍感欣喜。

古语有云："亲其师，信其道；尊其师，奉其教；敬其师，孝其行。"作为一名教师，最大的欣喜就是：无论是课中还是课后，学生都喜欢靠近你，把微笑荡漾在脸上，和谐愉悦的师生关系，一起造就了课堂教学的精彩和学科成绩的出彩。

为了达到这样的效果，我在多年的教学中摸索、自创了一个"砖头理念"，同学们笑称为"毛氏理论"。地理属于高考科目，分自然地理、人文地理、区域地理及选修地理等，涉及的要素很多且各有特点，同时要素之间相互关联、制约、渗透和影响，而日常教学主要是按照分层、分块开展，学生的成绩很不稳定，素养能力提升较慢，大多数同学对地理学科是害怕的。2020年10月，我的高三学生参加南宁市模拟考，考后他们一脸愁容，大都跟我说"地理知识点庞杂，不知道如何下手"。结合多年的经验，我用"砖头理念"跟同学们谈心：地理的知识点多，各要素之间的关联很密切，它就像一块有着无数小洞的砖头，需要我们慢

慢地、一点点地去填满。现在才10月,我们的备考才刚刚开始,还有一些洞没有填,只要大家一个一个地去填满砖头里的小洞,这个砖头就会"天衣无缝、密不透风",高考时就能"哪里需要哪里搬"。在我的鼓励下,同学们慢慢树立起信心,纷纷拿起自己的"地理砖头"研究、标记。那一届高考,同学们的地理成绩不错,到现在还有很多毕业了的同学跟我讨论"砖头理念"。

当然,补"砖头漏洞"不仅仅靠学生自己,更多的时候还要靠老师的教学和引导。例如,在"热力环流"这节课的"新课导入"环节,我会大声地唱《军港之夜》选段:"军港的夜啊静悄悄……海风你轻轻地吹,海浪你轻轻地摇……"当我的歌声停下时,学生的掌声响起,他们都笑望着我。这时,我马上设置悬念:"同学们,大家知道吗?歌词写错了!具体哪里错了?学习完这节课,你就明白了。"同学们的兴趣马上就被激发起来了。在上"月相"这节课时,我也会声情并茂地朗诵欧阳修的诗歌"月上柳梢头,人约黄昏后",并问同学们知道诗歌中的"月"是什么月吗……通过形式多样的"新课导入",同学们每次都盼望着上地理课,自然而然对地理知识点的掌握就很主动,而且融会贯通了。

不仅仅在课堂上,课堂外,我也非常注意跟同学们进行"课后心聊",让有疑惑的同学敞开心怀。2022年8月,我新接了一个高三的文科班级,班上有个同学叫小敏,她每节课下课都来问问题,但问的问题很简单,每次问问题的时候都眉头紧锁,而且她很害羞,

后的优良品种称"奇异果"。奇异果生长怕旱、怕风,宜栽培于湿润、疏松、深厚的土壤。

材料二:新西兰北岛图。(略)

生:这些种子应该种到新西兰普伦蒂湾沿岸。

师:这位新西兰的女教师,从中国朋友那里得到猕猴桃的种植秘籍,猕猴桃可以在新西兰"安家"了。

师:中国的猕猴桃种子经过新西兰人的培育改了名字,叫奇异果,世界各地的朋友都喜欢新西兰的奇异果。有哪些因素会影响奇异果的质量呢?(转换故事情节,实现知识迁移)

材料三:新西兰的奇异果高度集中分布在北岛普伦蒂湾沿岸地区,鲜果主要出口到欧洲、日本等地,出口量居世界第一。我国已引进种植奇异果,并建立了加工企业。

教师播放奇异果的加工、包装、销售视频,引导学生观看视频,并归纳农业的社会经济因素。

教学环节中涉及新西兰区域要素图,学生认识了新西兰的纬度和海陆位置;通过让学生分析新西兰的气候、地形、土壤、水源、洋流等知识,培

养了学生的区域认知素养；学生说猕猴桃能在新西兰普伦蒂湾种植，说明他们已掌握猕猴桃与普伦蒂湾的各种自然要素之间的关联性，具备了综合思维能力；让学生了解新西兰对猕猴桃的改名和加工、包装、销售等环节的做法，培养了学生的人际协调观。

有时候还拉上同桌一起来。因为她问的问题比较容易，我一句话就能解释清楚了，但经过观察，我发现这孩子太紧张了，影响了她对知识的理解。于是我以毕业了的一个学生的励志故事慢慢开导她，并且每次见到小敏时我都主动微笑着跟她交流。近一个月后，小敏的状态有了很好的改变，变得爱笑起来，也敢于大胆主动地来问问题，而且问的问题也变得有深度了。

在南宁三中这个生活和教学节奏比较快的环境里，老师和学生都必须调整好自己的心态，笑着面对繁重的课业任务和遇到的困难，才能教学相长，共同书写每一年、每一届的精彩高考故事。"微笑地弥补'砖头漏洞'"也成了我的教学态度和生活格言。很欣慰，这样的教学理念，让同学们底气十足、信心百倍地走向高考并且取得了优异的成绩，也让我收获了满满的人生幸福感。考上北京大学的陈可同学曾给我写了一段话，她说："阿毛是我们地理的引路人，带我涉过千山万水，看遍日出日落。地理之路荆棘丛生，你总会告诉我'绝对没问题'，你的鼓励声和笑声装满我一往无前的行囊。你生怕我们不懂，害怕我们难过。而我们只希望，毛毛永远不会难过，你的笑容永远在，我们也会永远纵横经纬……"我想，这就是一个老师无怨无悔的光荣与梦想了吧。

学生心语

毛老师既是指引我们探索地理学习的北极星，也是护佑我们闯关人生地图的摆渡人。高中的学习艰苦烦躁，当我们抓耳挠腮地在题海中纠结时，教室门口会有一个人慢慢探出头，小声说一句："我就在外面，大家有问题来问我哈！"这时这个可爱的身影仿佛格外高大，在一次次条理清晰且耐心的指导中，这些题目变得格外简单，思路清晰了，眉头便也舒展了。三年下来，大大小小的考试，有好有坏。但每次成绩下来时，我都极为渴望见到她，无论是耷拉着脑袋还是高昂着头颅，"砖头理论"——"地理像一块有着无数小洞的砖头，需要慢慢地、一点点地填满"总能帮助我重拾信心、坚定方向。老师总是劝我们慢慢来，磨砺心性，稳步前行，像种子扎根土壤；她也陪我们慢慢地走，克服难题，扫平障碍，用耐心与爱灌溉。最后，勤奋与努力开出了花，满天星光灿烂。

如今，当真正行走在祖国大地各处，那些地理知识仍时常浮现于脑海，"砖头理论"也还记挂在心间。夜里，抬头看见天上的月亮，我总会想起无数个夜晚那个可爱的身影，无数场景下那句有点骄傲而亲切的"我的课代表"。愿我亲爱的地理老师一直开心、永远幸福！我会再回到母校，等待一声亲切的呼唤，拥抱那个最可爱的身影！

——2018级22班孙家怡

毛老师给我留下最深刻印象的是她先进且独具特色的教学模式和教学理念。在课堂上，毛老师循循善诱、声情并茂，她不仅将课内知识讲得深入透彻，更有丰富的实践经验，用生活中的现象发散性地引出更多的地理知识点，日积月累，逐渐培养我们的地理思维和核心素养。不仅如此，在教育改革的大背景下，毛老师很有前瞻性眼光，不断创新教学视野。2021届正值新高考过渡期，毛老师在高考备考中突破了原有的教学方式和教材，邀请专家、开设专题、自创新题……不仅我们在学习，毛老师也在学习，她对待新变化、新知识永远怀着一种开放包容的态度与探索热情。她对地理教学持之以恒的探索精神极大调动了我们学习地理的积极性，这也是毛老师在十余年的高考备考中成绩斐然的重要原因。

责任感，一直是为人师表离不开的命题。而毛老师用实际行动完美地诠释了这个词语。她时刻关注着班上每一位同学的地理学习情况和课堂表现。在课后，无论严寒酷暑，她每周都会坚守在教室外的答疑桌上，耐心解答同学们的问题。考试后，她也会单独找同学们去分析试卷，力求让每位同学都收获进步与成长，并发自内心地热爱地理。她对学生的爱与责任感，润物无声，外化为一点一滴的细节和行动。

毛老师深受同学们的喜爱还因为她非常鲜明的个人魅力。她是一位非常纯粹的老师，真诚温柔、有亲和力、率真可爱，让我们觉得与她没有距离感。毛老师给予我的不仅是知识上的传递，更有精神上的鼓励。高中时期，我的地理成绩一直起伏不定，一度让我感到非常焦虑。但她总会笑着对我说："没关系的，你肯定行！"真诚和温暖的话语每次都给了我莫大的鼓励和信心，也是我坚持学好地理的动力，我的高考地理成绩也没有辜负毛老师的期望。桃李不言，下自成蹊，我将会把毛老师的师恩永记于心。

——2018级22班陈可

秀英姐姐的地理课堂永远那么妙趣横生，带我们亲临春季的美国中部龙卷风现场，了解夏季北回归线附近的高温成因，观赏秋季钱塘江大潮的波澜壮阔，感受冬季西伯利亚的冰天雪地。无论多么复杂的地理现象，经过秀英姐生动有趣的讲解，都变得简单易懂；无论多么难记难背的地理概念，经过秀英姐的点拨，都变得有规律可循而牢牢刻在脑海里……

课堂之外，难忘秀英姐一句亲切的"没事的，你可以的"。数不清多少次，因为成绩未能达到预期而垂头丧气，秀英姐耐心地为一个个学生做卷面分析，而我也在秀英姐温柔的鼓励之下重新燃起信心，以加倍的热情投入地理的海洋。

——2018级22班全姝含

让大自然的光和热投射入地理的课堂

—— 庞 薇

践行"真·爱"教育：用伯乐的眼光去发现学生的闪光点，让班级里充满宽容的内力觉醒和自信的文化浸染。在学科上努力钻研，为学生提供优质的教育和精准的学法指导。

庞薇，毕业于东北师范大学，双学士学位，高级教师，南宁市学科带头人，南宁市优秀班主任，南宁师范大学校外硕士生导师，南宁三中地理教研组组长。曾获广西教师技能展评一等奖，广西优秀课例一等奖，南宁市基础主题班会课一等奖，南宁市命题比赛、课件制作一等奖，南宁市基础教育教学成果特等奖，第十九届国际中学生地理奥林匹克竞赛中国赛区金奖指导教师，南宁三中"我最喜爱的班主任"等荣誉。有合著书籍出版，9篇论文发表于核心期刊。主持市级课题4项，参与自治区级课题4项。

初当班主任——热情投入

手机作为一种集通信、娱乐于一体的时尚商品，很受学生们的欢迎，但作为班主任，我最不愿看到的，是我们班级的学生在课堂上依然沉迷于此。所以我在学生入学注册的第一天就登记了学生的电话号码，并在第一次班会就明确一条规矩：老师会在上课期间拨打同学的电话，若是发现其手机有任何声响立即没收手机！严禁上课、集体开会时做任何和手机有关的活动！我还让需要携带手机来教室的同学在手机使用信誉公约上签字，若违背信誉公约，其手机将由老师暂时保管一个星期。

学生们惊叹："哇，老师真是狠呀！"某学生不屑道："规矩就是用来打破的。"

我不得不说这句话很有道理，这是在实践当中屡次被检验出来的！

开学初期，学生像天鹅绒似的要多顺溜就有多顺溜，但在经历了短暂的沉寂后，我开始面对各种关于手机的问题。有一个关于手机的故事，对我的触动很大，也使我不断地反思我的教学策略和处理班级突发事件的能力。那是我第一次在班级里没收手机。那天正在上课，突然，一阵悠扬的乐曲打乱了我上课的思路。全班出奇的安静，大家不约而同地把目光集中在一个焦点上。那是一个看起来很腼腆的男孩，他正深深地低着头，惊慌失措地用两只手在书包里摸索着，动听的乐曲此刻对他来说却极其刺耳，他额头上已经冒出汗，而那声音终于停止了。我一直在讲台上默默地看着，边看边思考我的下一步举动。我指着墙上贴着的手机使用信誉公约说："你在上面签下了你的名

精彩教学记忆

在教学上，我国的教育先驱孔子有言"不愤不启，不悱不发"，古希腊的教育学家苏格拉底提倡"产婆术"，两者都倡导以学生为主体，教师引导学生去发现问题和解决问题的理念。受此启发，我让学生合作学习并在课前进行一个5分钟的展示活动，作为"旅游地理"课程的导入。

起初我以为这样的任务可能会加重同学们的课业负担，同学们或许会产生抵触情绪，但实践证明，我的担心完全多余。同学们听到这项任务之后欢呼雀跃，忙不迭地开始组团做准备了。

首先，自选小组的活动形式让同学们在平等、互助的前提下合作学习。其次，同学们需要从地理学科的视角去整合资料，通过对资料的收集、分析、整合，重新对知识进行构建，并渗透以地理学科思维分析问题的方法。再次，以选择的区域为情境，化身命题者，拟出一两道模拟高考地理的单选题或者简答题，让同学们一起去破解。这让同学们转换了思维，能加深他们对试题的理解，掌握关键信息的提取方法。

在正式的课前展示活动上，同学们的展示五花八门，让我大开眼界。有的同学会日语、法语等外语，有为展示当地的风土人情而高歌一曲的，有展示复杂的手绘图示的，还有展示自身制作的精美绝伦的PPT的……展示形式丰富多彩。除形式多样外，他们的展示充分体现了地理学科的视角，有区域的基本特征和人地和谐的地理观念等，可谓是兼具了趣味性和教育性。其中一个小组的展示，让我记忆犹新：同学化身为旅行者，创设到西藏旅行的情境，从出发准备、出行方式、住宿、饮食、购物、旅游景点到环境保护……每一个环节都是从旅行者的角度把旅行中可能遇到的一个个现实问题，变成一道道选择题，让同学们帮忙出谋划策，充分运用地理知识选出最佳方案，充分体现了"学生活中有用的地理知识"的理念。对于展示后老师的点评和总结，同学们听得尤其认真，这求知若渴的学习状态着实让人欣慰。这样的课堂使教室回荡着欢声笑语。

而后，我还尝试过开展学术论文阅读交流会、研学考察实践、疫情期间"南宁三中校园大石头等高线测量"等活

字，你能说出里面的内容吗？"他把头埋得更深了，嘴里嘟囔着："若上课时间使用手机，则没收手机一个星期。"我朝他走去，他起身把手机主动交到我手上，眼里尽是抱歉和不舍。我继续以严厉的口吻说："还记得老师说的关于信誉的故事吗？一个星期后还给你，希望其他同学能引以为戒。"

我走上讲台继续讲课，他趴在桌子上直挠头。我虽心有不忍，但为了"大局"，也只能装作无动于衷。这时候，班级里的气氛明显压抑了许多，我也感觉到他们并不是在全身心地听课，他们的眼神里似乎多了几分疑虑。为了把他们的心思收回来，我提高了讲课的声调，这时，被没收手机的男孩已经抬起了头，顶着泛红的眼圈认真做着笔记。

下课了，他主动来找我。我和他走到教室外面，避开了其他同学。"老师，对不起，是我错了。我上课前给妈妈打电话，忘记关机了，干扰了您的课堂，对不起，您没收我的手机是应该的。"他十分真切地说，眼里闪着泪光，"老师，你讲的有关信誉的故事我还记得的。"

我彻底地沉默了，本以为他要提出能不能把手机还给他并陈述各种理由。想了想，我说："我已有言在先，咱们要言而有信。老师理解你，你妈妈也说过只能抽空给你打个电话，但它确实不该在上课的时候响。虽然我很不忍，但还是要执行处罚措施。有一点你做得非常好，在手机被没收后依然很认真地听课，老师很欣慰。我也相信你可以用你的真诚感动同学们，挽回你在同学们心中的形象，做一个诚信的孩子。"

"谢谢老师。"他没有多说，但我看得出来他眼神

里的感激。

一周后我把手机当着所有同学的面还给了他，他很羞愧："谢谢老师，绝对不会有下次了。我会好好学习的。"我也很开心，笑着说："我相信你能像你说的那样去做。"之后，他学习一直很努力，上课表现也很好，看来这件事对他正面的影响比较大。事后回想，我觉得自己在这件事情的处理上有明显的不足之处，但也有让我觉得满意的地方。

形成班级管理基本理念
——潜心育人，用爱心浇灌学生的成长

用伯乐的眼光去发现学生的闪光点，对学生充满信心和爱。

校运会时给游泳的同学送红糖水，由同学们最喜爱的数学老师带同学们开展舞蹈锻炼活动，组织家长们给同学们送美食，关心外地求学的孩子，让每一位同学都感受到关爱……此外，班会课的趣味游戏、会说话的新年祝福徽章、高考的"高中"粽子娃娃……我用心设计每一次活动，让每一次活动都能温暖同学们的心，让班级充满凝聚力。

通过开展各种主题班会，让同学们不比成绩，不为排名耿耿于怀，摆脱浮躁，学着战胜自我，让曾经会因为成绩和排名痛哭流涕甚至有自虐行为的孩子变得释然。

教育的最大核心是铸就大写的人字、培养精神明亮的人，这是我整个带班过程的基本理念。要潜心育人，用爱心浇灌学生的成长。

动，同学们惊呼："这也可以？！"是的，只要敢于想象，敢于实践，敢于放手，同学们的表现会远远超乎老师的想象，南宁三中的学生总是能一次次地创造奇迹。

地理能把世界纯纯正正、原原本本地展现在你的面前，它可以让你即便不用双脚踏入各个地域也能设身处地感受这一切。如这句话所说的："当你在背单词时，阿拉斯加的鲤鱼正跃出水面；当你在算数学时，太平洋彼岸的鸟儿正掠过城市的上空。但你别着急，当你在为自己的未来踏踏实实努力时，那些你不曾遇到过的景色，正在不经意的未来时空里，向你走来。"

学科教学方略——"心有猛虎，细嗅蔷薇"

地理学科有对培养逻辑推理、计算观测、读图分析等能力的要求，还有众多的细碎知识点，容易让人望而却步。因此，学习地理要"心有猛虎，细嗅蔷薇"，换言之，就是要胆大心细。在消化、储备知识的初学阶段，必须下好功夫、打好基础，不要有畏难情绪，而是要"心有猛虎"，把每个原理掰开揉碎、熟练掌握；到了运用知识的阶段，则应该注重地理知识体系框架的搭建，锻炼学科思维、拓展能力，因此更需要有"细嗅蔷薇"的耐心。

因此，我在课堂教学中非常注重营造轻松有趣的课堂氛围，通过教学互动启发学生的思路。我和同学们一起思考洋流的运动给气候带来的影响、冷暖气流的"斗争"召唤降雨的秘密，一起观察头顶古老的星星的运动轨迹，一起体会节气推移的微妙变化。正是在这样的过程里，我们感受到了地理的浪漫，这浪漫不同于其他学科，它需要用心去体会晨昏分晓、四季天地中的点点滴滴。如果你读懂了这些浪漫，恭喜你已经拿到开启地理宝库的钥匙，它带给你的并不只是肤浅的分数，更是一生的财富！

我的教学故事并不是什么奇迹，也没有什么超凡脱俗的经验，但正如每一个用心于教育事业的老师和前辈那样，我所收获的是与学生共享的美好回忆，是一路成长的幸福，更是送走一届又一届学成的孩子，又迎来一张张充满希冀的稚嫩面孔时，不变的初心与热情。

学生心语 ○

——周雨欣

Dear 薇：

十八岁生日快乐！

第一次见你是在高一上学期，你来我们班代了一节课，我当时的印象：

——"咦，好可爱，为什么地理真有趣w"

——"啊天啊能多上几节课吗地理课上真少一节了啊"（夭寿）

——"？有点想哭了，羞又能分到薇薇的班吗（孟平）"

……

然后就真的如愿以偿了哈哈哈哈哈 XD

作为科任老师的你，东想西想，循循善诱，地理课上永远米事笑话；

(作为出题老师的你，精准打击，越越变态，十步精一班金卷不管行（不是）
改 挥)

而作为班主任的你，会耐心听取我们的想法，也会考虑地给我们分析形势；
会精心来安排各课间等次活动让我们放松身心，也会在考后请来行坐这地鼓励我们。

如果问我在你身上看见了什么，我会说："阳光和大海。"

是温暖和照，是宽容堪辞，是积极热情，是沉稳可靠。

我会记得青秀山古道上的斯卵，我会记得一撷莉薇红龙里搭配的佶。

我会记得第一次强化训练结束后，你为特排卡同学失换的整盒鸡腿，我也会记得，

吃月期间送的整齐的教室后巨和是新整齐挂好的雨伞。

我最记得的，是我考试失利后我的分析试卷时，你眼里满满是光，看着我，

伸手把凌乱的衣服，拍拍我，说都没关系的。

我真的太爱你了，天啊，你真好。

祝你万事胜意，所愿皆偿，你好惟得。

From

罗若于（⽟）

给薇：

三年的陪伴，始终如一。

薇是高中三年一直教我、与我同行的唯一一位老师。回首感慨，三年匆匆。还记得高一的第一节地理课，那张澳大利亚景观图瞬时提起我们的兴趣和好奇心，那是初见，亲切与舒爽的感觉让大家倍感快乐和温暖。

可曾想，爱的无限放大让您在我们的簇拥下成为我们的班主任。当时，阴雨天中的水上运动会，您的一壶姜糖水不仅让每个寒冷的心得到温暖与感动，更让大家看到了阴沉雨天中阳光的隙落。

高三的备考日子里，每天都在您身上感受到无穷体贴与关爱、看到笑意盈盈的脸庞。还奢求什么，遇到您，没有比这相遇更好的了。

——张川惠子

信息技术

来场曲线的浪漫旅行

—— 苏文凯

"尊重"与"教学生学"。"尊重",包含对学科的尊重,对学生的尊重;"教学生学",打造高效的融合课堂,让学生学习用互联网思维方式思考,学习用技术思维解决生活问题,学习用计算思维将复杂问题简单化,学习用批判性思维获取有用信息,学习在信息社会幸福生活。

苏文凯,研究生学历,高级教师,南宁市学科带头人,广西教育信息化建设先进个人,广西普通高中课改学科组专家,广西师范大学、南宁师范大学硕士生导师,广西二期"21世纪园丁工程"A类培训对象,中国教育技术协会信息技术教育专业委员会理事,南宁市高中信息技术中心组成员。参与编写九年义务教育《信息技术》教材14册,参与编写《数字公民养成——信息技术学科核心素养的落地与发展》《广西普通高中学业水平考试指南·信息技术》。曾获自治区优质课一等奖。有多篇论文在刊物发表并获全国、自治区一、二等奖。

我独自坐在书房的窗前眺望远方，思考良久，然后决定在课堂上增加一个关于"技术思维"的新内容，这内容教材里没有，我之前也从没有上过。

这个决定的起因来自学生的一次求助。

某次大课间，刚上完课的我坐在电脑教室的讲台边休息，一个学生气喘吁吁跑到我跟前："老师，可以用一下电脑吗？我要为班级制作座位表。"

我看了一下时间，离上课还有20分钟，便回答说："可以，时间够用！"

15分钟过去了，我想她应该完成了，就走到她身边提醒她尽快回教室上课。

出乎我的意料，我看到屏幕上只有一堆不整齐的文本框，她还不停拖动这些框想要将它们对齐。

我转头看向她，她抬起头焦虑地看着我……

我看得出，她在生硬地使用技术，没有把技术思维融入思考中，解决问题的方法不恰当，使问题反而变复杂了。

我拍拍她说："技术的使用是有思维的，你放学来一下，我教你一招！"

这件事触动我了，我又一次开始反思我的教学。

很多时候，我们都秉承常规的思维习惯，站在同一个角度看待问题，这种单一的思维方式大大地限制了我们创造性地使用技术。

为了新内容，我跑书店，在网上查找资料，研究新课标，经过反复思考、反复修改，费了一番心思，最终确定了两个课时的关于技术思维的新内容，取名为"设计与创意"。

我的愿望是带领学生学习多角度地思考问题，不仅会选择恰当的技术巧妙地进行设计，还能融合不同的工具、不同的学科，点燃技术思维变化带来的创新火焰。

这课一上就是三年，有时我会根据需要增加一些新的例子。

课堂上，我提出第一个问题：用Word可以画出如下曲线（图1）吗？

图1

这个问题的设计是让同学们的技术使用思维出现第一次变化，同学们的习惯思维是Word主要用于编辑文本或者在文本中插入图片，画图应该采用图像编辑工具。

果然，同学们来了兴致，讨论起来，并且很快找到了技术操作方法：利用插入形状，使用曲线工具，移动鼠标直接画出曲线（图2）。

图2

然而，很多同学并不满意这样的结果，因为曲线虽相似，但误差很明显。

我随即提出第二个问题：在Word里怎么保证把曲线的上下顶点的位置画得一样高、间距一样宽呢？

这个问题的设计是让同学们的技术使用思维出现第二次变化，在Word中怎么定位点的位置，这技术显然有些难了。

教室一下子安静了，同学们陷入思考。

过了片刻，我提示说："我们的思维习惯局限于用一种工具解决问题，跳出这个局限，我们能不能在画曲线的同时借助另一个工具，这个工具可以让我们看到上下顶点的位置和间隔的距离呢？你们找找看Word里有没有这样的工具？"

我的话音刚落下没多久，一个男同学便说道："老师，表格可以。"

我请他充当老师。

他走上讲台，带领全班同学找到了技术操作方法：

精彩教学记忆——"你具备指数型思维吗"课堂教学片段

我：同学们，有个故事让我深受启发，至今难以忘怀。

国外有一家研究基因的公司，从1990年到1997年，历经7年的时间，花了一大笔经费，破解了人类1%的基因，这个数据一公布，投资商首先傻眼了。

他们想7年才破解1%，那么破解100%不得要700年？于是投资商想撤资。

但是科学家发话了："破解了1%，就相当于破解了100%。"

为什么呢？

因为破解了1%，有了这样的经验和基础，那下一次就是2%，再下一次就是4%，再下一次就是8%、16%、32%、64%，然后结束，或许会更快。

所以1997年到2001年，科学家只用了4年就完成了基因的破解。

我：同学们，你们认为科学家和投资商对问题看法的本质区别是什么？

有学生回答：思考和解决问题的思维方式不一样。

我：老师认同！大家可以运用数学的知识分析一下吗？

讨论后数学科代表总结发言：投资商的计算方法是 $y=kx$，科学家的计算方法是 $y=2^x$。

我：非常好！你们可以通过函数图像来进一步探究，看看能发现什么现象。

学生探究后展示如图6：

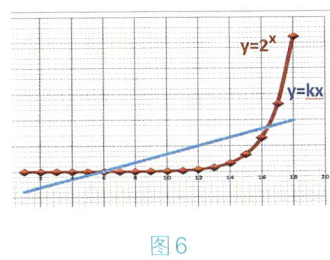

图6

得出结论：

从图6可以看出，幂次函数的发展变化非常快，非常大。

我：同学们，对待基因问题的不同看法，其实是两种不同思维模式的较量，是线性思维与指数型思维之间的较量，是传统思维与互联网思维的较量，而指数型思维即互联网的思维模式。

联系我们这门学科，大家思考一下，指数型思维依据的主要理论是什么呢？同学们可以利用网络了解和学习，可以相互讨论。

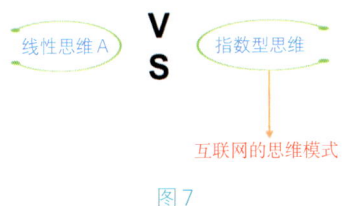

图7

运用表格和曲线两种工具，将两种技术融合在了一起（图3）。

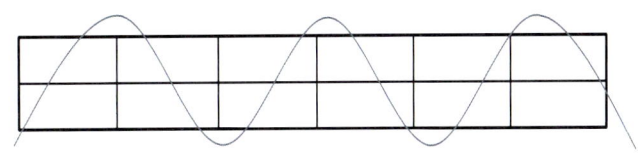

图3

全班同学自发给他鼓掌。

这时，我走到教室中间对同学们说："你们再深入想想，用这个方法画出来的曲线还有没有不足之处，还能不能改进？"

教室再一次安静下来。我慢慢地在教室里巡视。

路过一个女同学的时候，她叫住我并小声说："老师，我觉得其实这样画还是不够精准。"

"为什么呢？"我反问她。

"因为根本上还是用手观察着画，其实是有误差的。"她说。

"你的观察很用心，可以给全班同学说一说你的想法吗？"我激动地回应。

女同学起身把她的想法对全班同学复述了一遍，她话音刚落，就听到有同学自发地鼓掌，同时说："没错，我也有这疑问。"

女同学笑着坐了下来。

我马上提出了第三个问题："同学们，想想怎么才能画出完全精准的曲线呢？"

这个问题的设计让同学们的技术使用思维出现了第三次变化，是在前面两个问题铺垫后的一个大的进阶。因为要做到完全精准，就必须涉及计算机用公式进行计算和计算机作图的知识，不仅要增加计算的工具和作图的工具，还必须通过整合数学知识列出相应的函数公式，思考的问题多，涉及的技术多，思维的转变大。

我留出10分钟，同学们三三两两地自主讨论探究起来。

因为数学功底扎实，很多同学很快找到了方向，即借助数学中的正弦曲线y=sin（x），想办法让计算机能根据正弦曲线公式进行计算，产生一组变量x与y的数据，然后根据得出的数据通过计算机的作图工具来描点绘图，这样就精准了。

我发现，当超越了现有的认识，走出惯性思维，同学们灵光闪闪。

果然，不少同学从不同的角度找到了解决问题的方法。

有的同学就在Word里面找到对象工具，把Excel作为对象插入到Word中，将Word和Excel这两个软件融合在一起。

有的同学则直接打开Excel列公式进行计算，然后再借助图表工具中的散点图作图（图4），让美丽的曲线游走到了Excel的世界里。

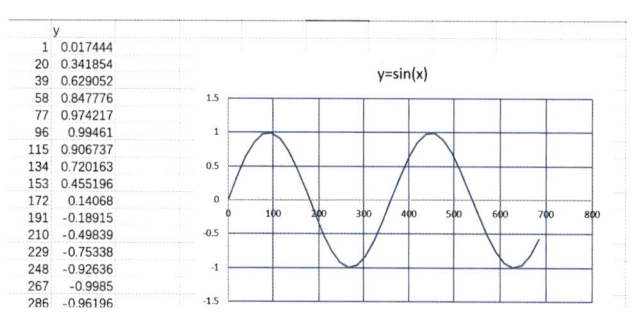

图4

"摩尔定律！"有学生很快查找出来，一语惊人。

我：你可以跟大家说说你查找到的内容吗？

该学生起身说：摩尔定律是由英特尔创始人之一的戈登·摩尔提出来的。其内容为当价格不变时，集成电路上可容纳的元器件的数目，每隔18—24个月便会增加一倍，性能也将提升一倍。换言之，同等的价钱所能买到的电脑性能，将每隔18—24个月翻一倍以上。这一定律揭示了信息技术进步的速度。

我追问：摩尔定律为什么会出现指数型的增长呢？

学生七嘴八舌讨论起来。

最后得出结论：因为第一代所增长的能力将会用于研发第二代的芯片，而第二代的研发变得更快、功能更强以后，再去研发第三代……这样每一次更新就是一种指数型的累积，类似于数学的幂次曲线。

我再问：关于指数型思维，我们现实生活中有这样的例子吗？

学生：微信。一开始用微信的人很少，先用的人邀请身边的人用，身边的人又邀请身边的人用，然后不久发现，哇，怎么这么多人用！这就是一个幂次的过程。

我接着问：还有吗？

学生：美团、健身的APP、旅游的APP……

我：大家说的都很有见地，互联网时代下，指数型思维能引领你走在时代的前沿。老师有一个问题请教你们——假如我开了一个书吧赚了1万元，现在想挣10万元，我想再多开9家书吧，打算融资，你们愿意投资吗？

课堂热闹起来，有学生喊：老师，你这是线性思维，不一定开的每个店都能赚钱！我可能不会给你投资。

我：依你的意思，线性思维解决方案不好，那是不是应该考虑用指数型思维来解决这个问题？应该如何解决呢？

学生：老师，你考虑开线上书吧，开线上书吧就有指数型增长的可能性，成本低，客户还会指数型增加……

我：这想法给力，我好好考虑一下，谢谢你们！那假如将来你创业，你会选择用哪种思维方法呢？为什么？你可以模拟选择一个行业来表达。

此时下课的铃声响了，问题留作课后讨论。

显然，学生都意犹未尽，边讨论边往外走。

一名男生从我身边走过时说：老师，如果我的成长之路

还有同学突发奇想，修改公式，修改图类型，画出的曲线发生了奇妙的变化，然后兴奋地让周边的同学看，我也凑上前去看，和学生一样开怀大笑。

突然，我听见有学生叫我，一扭头，我看见我的科代表向我招手，我快步走过去，没想到他给了我一个更大的惊喜：爱好编程的他书写了一段Python（一种计算机编程语言）代码来解决这个问题（图5）。

```
Import numpy as np
    Import matplotlib.pyplot as plt
x=np.arange(0,2*np.pi,0.01)
y=np.sin(x)
plt.plot(x,y)
plt.shpw
```

图5

我随即转播了他的屏幕，让他给全班同学解读程序。

同学们欢呼说："高级啊！"

美丽的曲线在同学们的指尖下，从简单的手绘到计算机精准作图，从Word游走到Excel，从Excel游走到Python，翻山越岭，一路好景。

这真是一场浪漫的旅行。

之所以说浪漫，是因为我们发现解决了一个问题又出现了另一个问题，激发着我们不断地去思考，思维得以变化和提升；之所以说浪漫，是因为我们发现不同软件之间技术思维有着很多相同或相似之处，思维得以迁移和融合；之所以说浪漫，是因为我们发现不仅本学科知识可以进行融合，还可以跨学科融合，视野变宽广了；之所以说浪漫，是因为我们发现打破

习惯思维后，解决问题可以有很多种方法，复杂问题简单化了，擦出了创意火花；之所以说浪漫，是因为我们发现在这场旅行中，我们正一步步地走进计算机的世界，运用计算机的思维方式去与计算机进行对话，打开了一个新奇的世界；之所以说浪漫，是因为在这场旅行中，同学们的掌声一次次自动地响起，笑声一串接着一串，快乐无比；之所以说浪漫，是因为我相信随着同学们思维方式的改变和提升，会让他们的学习和生活充满智慧，在信息社会里幸福地生活，这也是作为老师的我最大的幸福！

是指数型的，那我就超级厉害啦！

他的话逗得身边的同学和我都哈哈大笑。

我回应：这想法好，快想想有什么好的学习方法实现梦想！

男生笑着说：老师，我也正有此意！

望着学生远去的背影，我的心情格外舒畅。

学生心语

苏老师：

首先祝您教师节快乐！很荣幸能与你相识并成为您的学生！也许您对我的印象并不深刻，但我在您身上真的学到了很多，虽说跟高考科目相比，大家对信息技术的会考关注度很低，但我能感受到你每一次上课，都是做了十分充足的准备。在你的课上，我感受到了你对我们时间的尊重，对"老师"这一神圣称呼的尊重。您向我们展示了什么叫"真"的"爱"教育，"真"的"爱"学生。感谢相遇，祝您天天开心！

其实当初打算当科代表的原因并不高级，就主要作为男生单纯自身喜欢打游戏。想着作为"非主流"科目的科代表应该也不会很累，还能多蹭蹭空调。但是苏老师您的课是真正让我对计算机领域产生了不少新的认知。每次在您的课堂上，都觉得"有趣而又丰富"。课程内容能让我们感受到学习不仅仅是为了考试，还可以将知识真正运用到生活中去，更让我们打开了新的兴趣大门。在繁忙的高中学习生活中，您所教授的信息技术课程不仅给了我惊喜，更是让我明白学习的意义和努力的意义，是让自己更好地了解自己。

真的很荣幸能当您的科代表。再次感谢这一学期您的辛勤付出！祝您身体健康，天天开心！

——2008届于小蔡

真心付出 成就彼此

———— 胡冬明

每一个学生都是独立的思想个体，教学不是教师思想意志的复制粘贴，而是学生对教师所传递信息的接收处理和意义建构。能引导学生思考、点亮其人生，即为教育。

胡冬明，高级教师，南宁三中信息技术教研组组长、信息学奥赛总教练、南宁市教学骨干，自治区、南宁市信息技术学科中心组成员。曾获自治区中小学教师教学技能大赛一等奖、南宁市课改教学现场课一等奖、南宁市中小学信息技术与学科教学深度融合优秀课例展示观摩评选活动一等奖、广西基础教育信息化建设与应用优秀教师等荣誉。有多个课例获自治区、南宁市中小学现代教育技术优秀课例一等奖，多篇论文参与评比获奖和公开发表。主持和参与多项自治区级、市级科研课题。指导学生参加信息学奥赛并获全国青少年信息学奥林匹克联赛一等奖、CSP（中国计算机学会主办的计算机非专业级别的软件能力认证）提高级一等评级共计100多人次，近年指导的学生获信息学奥赛全国决赛4银、9铜共13枚奖牌。

说起来，我与三中的不解之缘，还要追溯到懵懂的初中时期。

打小对代码、算法感兴趣的我，与三中的信息学竞赛教练胡冬明老师相遇，开启了一段奇妙的缘分。在程序设计兴趣班中，胡老师深入浅出的讲解、朋友似的与我交心，让我们之间缔结了深刻的友谊。在毕业后选择学校时，我义无反顾地迈入三中的大门，想要继续跟随他，在信息学竞赛的道路上迈步前行。

有一句话叫"始于颜值，陷于才华"，我想，我对于三中的认同，起始于胡老师的引领，沉溺于三中浓厚的学习氛围和闪耀的人文精神。

（作者：2022届毕业生周彦丞，摘自南宁市第三中学青山校区微信公众号《温馨南三记|心灵的归宿：三中》）

2022年7月1日的午后，我看着手机屏幕上的文字，一幕幕往事涌上心头，一个个名字相继浮现……

因为你，选三中

机缘巧合，周彦丞初中时就与我相识，因为他很喜欢计算机，所以闲暇之余，我用心指导，他学得起劲（不仅如此，他还叫上好朋友蓝培文，分享资源，共同进步）。后来，周彦丞和蓝培文均获得信息学奥赛初中组一等奖。凭借优秀的文化课成绩和突出的竞赛特长，周、蓝二人早就名声在外，很多高中希望能录取他们，彼时南宁三中的信息学奥赛成绩还没有达到今天的高度，我一度担心他俩会选择其他学校。

2019年7月的一天上午，我朝校门外走去，迎面碰到了周彦丞和他父亲，我很开心："来参观学校呀？"周父略带严肃地说："都是因为你，他选择了南宁三中，别的学校根本不考虑！"毫不夸张地说，彼时这句话像闪电一样击中了我，不承想我对周彦丞还有这么大的影响。但是后来仔细回想，我对周彦丞他们真心付出，不是简单地教几个知识点，而是结合兴趣帮助他们规划从初中到大学的发展路径，日常相处亦师亦友，已彼此信任。尽管他也知道如果选择其他学校，是一般情况下的最佳选择，但是因为我的缘故，他作出了一个具有挑战性的选择，颇有师徒携手，开拓事业之意。

不久，蓝培文也选择了南宁三中，而他们俩此后也创造了南宁三中信息学奥赛历史的最佳成绩。

"我看好你"

2019年秋，又到了信息学奥赛团队招新的季节，在一批新生中，我留意到了谢丰泽，他脚下生风，手里总夹着我推荐的参考书，每天第一时间到机房学习，课后作业完成得又快又好。"这是棵好苗子，要好好激励他！"我心想。

于是，我不时在食堂、在校道与他偶遇，言谈中给他传递信息："我觉得你在信息学奥赛方面很有天赋，虽然你起步晚，但我相信你可以很快追赶上来，跟周彦丞、蓝培文他们达到同一水平线，加油！"

此后我有意安排谢丰泽和周彦丞、蓝培文组队参加广西大学生程序设计竞赛等团队比赛，培养他们的合作意识、团队意识。在周彦丞、蓝培文的带动帮助下，谢丰泽的信息学水平提升很快，而谢丰泽也给了周彦丞和蓝培文很多启发。

3人的信息学水平在互相追赶中不断提升，最后一齐入选广西队，参加全国决赛并获得了2银1铜，携手创造了南宁三中信息学奥赛历史最佳成绩。

或许这就是皮格马利翁效应的魔力！嗯，

精彩教学记忆

"递归"在计算机科学中是一个重要的概念，也是教学中的难点，很多奥赛教练都认为，"递归"能很好地区分学生学习计算机的天赋。当我准备参加南宁市中小学信息技术与学科教学深度融合优秀课例展示观摩评选活动时，我选择了这个非常具有挑战性的知识点，一是因为"递归"中的计算思维能够很好地体现出信息学这一学科的核心素养；二是多年来南宁市的程序设计教学基本局限在循环结构内，甚至连数组都没有涉及，我尝试让非信息学奥赛选手也能很好地理解"递归"，开南宁市程序设计教学之先河。

我分析后认为："递归"之所以难学，是因为其概念非常抽象；之所以难教，是因为很多老师千篇一律，用"自己调用自己"这个更为抽象的说法来解释，导致学生更加迷惑。"递归"的本质是将不好解决的、较大规模的问题分解为若干较小规模的、性质相同的子问题，不断递推展开，待问题规模缩小到一定程度，可以直接解决，然后把结果不断带入上一层的子问题回归计算，最终解决原问题。

为了让学生能够理解这一抽象的概念，我决定使用汉诺塔这个经典的递归游戏作为教学的载体，以"挑战汉诺塔"为主题开展教学，化抽象为形象。我在课间播放了自制的汉诺塔介绍短片，让学生了解汉诺塔的背景。正式上课的引入环节，我播放了自制的3分钟短片——挑战汉诺塔大赛综艺节目，让学生进一步了解游戏规则，同时激发其参与游戏的欲望。

汉诺塔介绍短片

接下来，我让学生挑战3层汉诺塔，要求其将探究解决的过程记录在导学案上。为了方便记录圆盘的移动过程，我重新修改了一个汉诺塔网页游戏供学生使用。游戏还有自动操作功能，以帮助学生发现规律。

挑战汉诺塔

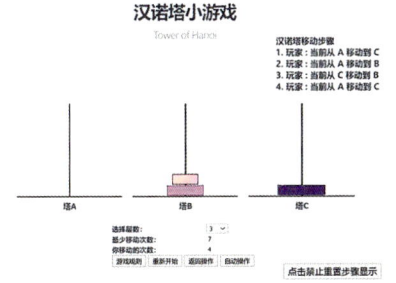

定制的汉诺塔网页游戏

或许还有鲶鱼效应。

张弛有道

信息学奥赛的学习非常辛苦，赛前集训，学生每天面对电脑一坐就是10个小时，每次模拟考试则连续坐4个小时，无论对身体还是心理都是巨大的消耗。如何让学生保持充沛的体能和饱满的精神状态？作为教练，我必须解决这个问题。

身体的消耗可以通过休息来恢复，体能的储备则要通过锻炼来实现。我买了一张小乒乓球桌，放在了训练机房，每天下午组织学生打乒乓球。学生在你来我往的球技切磋和欢声笑语中，精神得到了放松，身体得到了锻炼，又可以"满血"奋战了！

在赛前，我喜欢组织学生去参观孔庙。一个学生曾在QQ空间写道："参加计算机比赛竟然来参观孔庙！"其实不管参加什么考试，只靠参观孔庙是没有用的。但是来参观孔庙，一是可以重温孔子的伟大思想；二是可以让学生们从满脑子的公式、代码中抽离出来，让大脑得到放松；三是在集体出游的过程中，促进人与人的交往，增进学生情谊，从而铭记这段充实而美好的时光；四是这也属于中国的传统文化，代表了一种美好的期冀，给人一种好的心理暗示。

2020年11月，在即将出征全国信息学联赛前，我带着学生去了孔庙，在上香时，谢栩晖被掉下来的香灰烫到了头发，同学们纷纷开起玩笑："哎哟，你高中了哦！"本来还有稍许不快的谢栩晖顿时笑容满面。

联赛成绩出来以后，我惊喜地发现，平时训练排名靠后的谢栩晖一鸣惊人，获得了一等奖，要知道，2020年全广西仅有15人获得一等奖！这个一等奖的含金量非常高！现实堪比剧本，我们当然可以认为这是巧合，但是从心理学的角度来说，积极的心理暗示肯定要好于消极的心理暗示。2022年教师节，谢栩晖又给我报喜：他在大一入校转专业的面试中凭借这个一等奖直接过关，转到了人工智能直博班。

用心陪伴，静待花开

2021年4月，周彦丞、蓝培文和谢丰泽顺利入选了广西队，开始准备全国决赛。因为广西在信息学奥赛领域是弱省区，缺乏高端的训练资源，所以我联系了浙江省的一所强校，一起参与他们的冲刺训练。

浙江不愧是全国信息学最发达的省份，这里的训练难度、强度，即使是广西最优秀的3位同学，一开始也难以适应：爆零[①]、题解看不懂、参考标程[②]看不懂……

虽然不能在他们身边陪伴指导，但我经常

---

① 指在一场信息学比赛中得到0分。
② 指参考答案程序。

在导学案和网页游戏的帮助下，学生很快完成了3层汉诺塔，紧接着挑战4层汉诺塔，部分学生开始感到有些困难。通过观察，我挑选了一位完成挑战的同学，让他用实物汉诺塔进行操作，这样可以更形象地呈现问题的解决过程。学生演示过程中，我设置了3次提问。第一次提问是在他把3片小圆盘移动到B塔时："把3片圆盘移动到中间B塔的目的是什么？"学生回答后我追问："那中间的这3片圆盘接下来要怎样操作？"接着再追问："3片圆盘从B塔移到C塔和3片圆盘从A塔移到C塔，有什么异同？"通过操作演示和提问，引导学生总结出：在4层汉诺塔问题解决的过程中，包含着3层汉诺塔问题，他们性质相同，但是规模更小。

最后我趁热打铁，引导学生总结N层汉诺塔问题的解决规律，通过表格着重引导学生关注问题的性质、规模和复杂度的变化，直观感受递推展开和回归操作在问题解决过程中的作用和关系，从而理解"递归"概念。

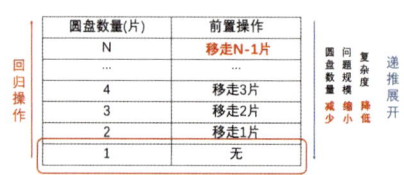

N层汉诺塔的操作过程

接下来是我个人认为画龙点睛的一个环节：通过辨析经典故事"从前有座山"是否描述了"递归"现象，检验学生是否真正理解了"递归"概念——递推展开和回归操作缺一不可。

本节课在南宁市第四中学进行,针对的是普通班的学生,实践证明,经过这样设计和训练,普通中学的普通班学生,也是能够理解"递归"概念的!

由于开创性的教学课题和良好的教学效果,本节课最终获得了该比赛的一等奖第一名。

通过电话和网络关心他们的学习情况。经过一段时间的调整,蓝培文和谢丰泽适应了训练节奏,而周彦丞却仍未进入状态。一天深夜,周彦丞在电话中跟我诉苦:"胡老师,我快要崩溃了!感觉自己的智商被碾压了。题不会写就算了,题解别人一看就懂,很快就订正好了,我搞了半天还是不行……"糟糕,周彦丞平时一向心态最好,如果他都这样说,那确实情况不太妙。我心里很着急,但不能让周彦丞感觉到,他是来寻求我的安慰和鼓励的,如果我也急了,那就适得其反了。

我首先站在周彦丞的立场,承认客观困难:"确实,浙江那里的训练难度很高,因为他们的定位是要冲击国家集训队,所以题目难度甚至高过全国决赛,成绩不理想也属于正常。"然后,我引导他往积极的角度去看待问题:"至于说蓝培文和谢丰泽能看懂题解,很快就订正好,那你跟他们交流,节省了你的时间,是否也是积极的一面呢?机房里还有很多高手,你可以多主动向他们请教,其实OIer(指奥林匹克信息学竞赛参与人群)普遍乐于分享,只要你问了,他们肯定不会藏私的。"最后我给予他鼓励:"全国决赛要考虑整体的难度和区分度,按我们拿银牌的目标,只要把基础分拿到就行了,难题我们不用管它,稳扎稳打,步步为营,肯定能实现目标的!"或许是我的开导有了作用,我感觉到周彦丞的心情慢慢地平复了下来。此后，我又打了几次电话给他，关心他的身体、他与机房同学交流的情况、他这段时间的收获，既不过分强调学习情况，也不刻意回避，让他感觉到只要坚持做好日常，结果自然不会失望。

随后，借着出差机会，我绕道杭州去看望他们，请他们去吃大餐，给他们补充了很多水果、牛奶和蛋糕。谈笑间，我只简单问了这段时间他们结交了几个新朋友。当我听说周彦丞和机房最厉害的几个选手都有了交流时，我非常开心："这段学习经历，不仅仅是你们能力上的提升，还扩充了你们的朋友圈，它将是你们终身的财富。"我知道，周彦丞彻底走出低谷了。

2021年7月，全国信息学奥赛决赛在暴风骤雨中开幕了，周彦丞彻底执行了既定的考试策略，稳扎稳打，不放过每一道能拿下分数的题，也不去贪恋难度过大的题，实现了全局的最优。查到分数的那一刻，我给了他一个拥抱，发自内心地祝贺这个小伙子战胜了自己，实现了升华。最后，周彦丞以广西第一名的成绩，夺得了银牌。时隔一年后，周彦丞和蓝培文又在高考中发挥出色，考出了历史最佳成绩，最后凭借裸分被清华大学录取；谢丰泽则被浙江大学计算机科学专业录取。

2019年到2022年这3年，正是南宁三中信息学奥赛团队厚积薄发、不断实现突破的3年，回顾这些点点滴滴，我很庆幸能遇到这一批学生，自己的真心付出得到了他们的真情回馈，这就是所谓的"教学相长、彼此成就"吧。

学生心语

不知何时，在整理电脑旧文件、旧资料的我，又翻出了那一行行修改日期定格为2021年7月末的代码——那是NOI（全国青少年信息学奥林匹克竞赛）决赛举办的日子。傻傻地望着它们，我用它们实现了什么功能呢？记不清了。解决了什么问题呢？也模糊了。那在这个句点之处，在竞赛生涯完结之后，我还剩下什么呢？

我心里明白，那仍然清晰、永远闪耀的，不会是冰冷的算法知识和代码，而是那长青的生活之树、悲欢交杂的话语，是那一路发生的往事、一路同行的人儿，更是为我指引理想的路标、将我引入竞赛大门的他——在我陷入低谷时为我加油打气并目送我走向远方的胡冬明老师。

我仿佛又回到了那个小小的机房里。与现在阔气的信息学竞赛教室不同，当年的小机房陈放着杂乱无章的电脑零件，开机都要卡半天的电脑吱吱作响，大家挤在一起敲着代码，还有不时地观望同学们的学习情况的胡老师。胡老师常坐过来有一搭没一搭地和我聊天，随意地询问我的学习近况和状态，时而传来同学们的附和与起哄，这些欢声笑语和亲切问候，晕染了整片小小方圆。机房像是一个家，胡老师就是一位温柔的父亲，笑眯眯地看着我们打代码、玩游戏、听音乐、谈笑风生、嬉戏打闹，时而给予我们善意的劝告。这小小的机房里，却有大大的温暖。

回忆的丝线延伸，我再次置身于决赛前数个月集训的日子。身在异乡，胡老师也没办法时刻伴我们左右。那段时间正是我人生的低谷，始终写不对的题目、排名倒数的比赛，让我不住地自我怀疑。但每次与胡老师通话时，他鼓励的话语总能让我再度拥有甘之如饴的勇气；每次胡老师过来看望我们时，他灿烂的笑容总能让我再次体会到家的感觉……

"嘀嘀嘀……"我延伸的思绪被QQ的提示音打断，定睛一看，原来是胡老师希望我寒假回去给学弟学妹们讲课。此刻，我的心中不免有一丝自豪：胡老师，现在我也成为你的骄傲了吧？

我常常思考，在这个混沌而复杂的物理世界里，一个微小的扰动，便会掀起不可估量的蝴蝶效应——那我的人生呢？没遇见胡老师，现在我会在哪里？若是没有他一路的陪伴，我又会怎样？我不敢想象，也不愿去想象。我只知道，我会沿着深度优先搜索构成的人生之树撞了南墙也不回头地走下去，从不停机，决不回溯——因为我坚信，曾经踏向的每一条边，与胡老师在状态空间中作出的每个决策，都是通向全局最优解的必经之路。

——2022届周彦丞，2022年10月24日于清华园

体育

五十年时间 光阴变成了故事

—— 谭立勇

围绕"享受乐趣、增强体质、健全人格、锤炼意志"的"四位一体"的学校体育教学目标，通过"教会、勤练、常赛"的手段使学生掌握1—2项对运动技能要求较高的项目，引导学生树立"健康第一"的理念，将体育思政工作融入教学的各个环节。

谭立勇，高级教师，南宁三中初中部青秀校区副校长，首届自治区基础教育教学指导专业委员会义务教育体育与健康教学指导专委会委员，中国中学生体协田径分会裁委会副主任，南宁市侨联委员，南宁市中考体育考试主考，南宁市中小学教师专业技术水平评鉴员，世界中学生田径锦标赛技术官员。田径国家级裁判，曾任2008年北京奥运会、2008年北京残奥会、2010年广州亚运会、2011年深圳世界大学生运动会田径比赛裁判，第十二、十三、十四届全国运动会田径比赛主裁判，第十二、十三、十四、十五届广西壮族自治区运动会田径比赛赛事总管，南宁国际马拉松比赛赛事总管。获评全国推行《国家体育锻炼标准施行办法》先进工作者，全国贯彻实施《学校体育工作条例》先进个人，全国群众体育先进个人，南宁市先进教研组长、教学骨干，获自治区优质课评比二等奖、南宁市教学基本功大赛一等奖，撰写的论文在国家级刊物发表并获全区教育教学论文评比一等奖，撰写的教材被收入《体育与健康教师手册》。

1972年随母亲工作调动来到南宁三中，一转眼已过了50年，母亲已从南宁三中英语教师岗位退休赋闲在家。初来南宁三中时，围墙还只是破损的铁丝网，实际上是与隔壁单位及乡村连成一片的，校内有几片鱼塘，还有稻田、藕塘，一年里各种水果陆续成熟，有龙眼、荔枝、菠萝、橘子、枇杷、木瓜、芭蕉、李子、桃子、番石榴、甘蔗、沙梨、枣子等。假期我便与小伙伴们在校园和田野里摘食各种果实，追逐玩耍、捡拾柴火、捕捉蜻蜓或蚂蚱……我的童年是在充满了野趣的校园里开心度过的。

我除了小学、大学外，幼儿园、初中、高中都在南宁三中就读，大学毕业以后又被分配到南宁三中工作。我从初三年级的下学期开始参加体育训练，1983年的暑假第一次参加正式比赛，代表南宁三中到柳州市参加全区传统项目田径比赛，获得了初中组跳远第二名；1984年，我代表学校参加全区传统项目田径比赛，获得了团体总分第一的优异成绩。高中阶段，我代表南宁三中参加了南宁市中学生运动会田径比赛，获跳远、五项全能冠军并创造了学校新的纪录，五项全能纪录保持至今；我还加入了校足球队和篮球队，也在一些比赛中取得了优良的成绩。

1991年7月，我从广西师范大学体育系毕业后就来到了南宁三中工作，得到了李本正、潘培根老师的悉心指导。在老前辈的培养下我迅速成长，圆满完成教学任务，所带领的田径队、足球队先后获南宁市中学生比赛冠军，所带队员获全国中学生传统项目田径比赛男子4×100米接力赛冠军、110米跨栏第三名和自治区级、市级系列比赛冠军。

1997年至2010年，我担任南宁三中体育教研组组长13年，其间积极带领全组老师开展各种教学和教研活动，根据我校全校学生内宿的特点，统筹安排和保证学生每天运动一小时，并始终坚持体育面向全体学生，提出了"投其所好、扬其所长、小型多样、全面发展"的"十六字方针"。在学校的推动下，群体活动、早操、课间操开展得红红火火。我们同时严格遵循学校制定的体育发展规划，对学生的培养目标提出明确要求，培养学生的自觉健身意识、终身体育观念和基本运动技能，要求人人除学会游泳外，还要掌握一项体育特长。我们每周组织各种小型体育比赛活动,使学校的学生在力量、耐力、灵敏速度等身体素质上超过南宁市的平均水平。2000年,我带领全组开展课程改革研究,对当时的体育教材内容进行分析,认为教材灵活度较小,忽视了学生的个体差异和学生的个性培养和发展,学生面对自己不喜欢的项目,在匆匆而过的体育课中体验不到成功的快乐,并渐渐失去了对体育的兴趣和信心。为此,我们对高中体育课程和教材进行了研究和改革,积极大胆地开展体育课程改革,开设了具有我校特色的体育校本课程——"高中体育选项课研究"。选项课共开设了足球、篮球、排球、羽毛球、网球、乒乓球、形体、轮滑、武术9门课程,学生可根据自身条件和兴趣选择项目。教学改革取得了良好的效果,学生自主锻炼的意识得到了加强,能掌握和运用所学习项目的基本技能、战术。这一改革开创了广西高中体育选项课的先河,2004年我校体育选项课作为改革成果向全区体育教师做了现场展示,得到了区内同行的一致好评。

我积极对校运会进行大胆改革。每年秋季学校均举行校运会,而之前的校运会只设置了田径项目的比赛。为适应发展需求和拓宽学生的参与面,充分利用学校场地资源,培养学生的户外生存技能,从第三十一届校运会起增设了集体跳绳和水上趣味竞技项目,水上趣味竞技项目设有游泳接力、同舟共济、水上角力、龙宫夺宝等。同学们在比赛中努力拼搏,为班集体争得荣誉的同时也掌握了水上求生的技能,这些项目延续至今并成了传统。

在我担任南宁三中体育教研组组长的13年里,我带领全组同事共同努力,学校获得了全国群众体育先进单位、奥林匹克教育示范学校、全国体育传统项目学校、南宁市先进教研组等集体荣誉;我个人积极参加社会体育工作,考取了田径国家级裁判证、中国田径协会技术官员和裁判员培训讲师证、全国马拉松赛及路跑赛事监督证,参加了2008年北京奥运会、残奥会,2010年广州亚运会,2011年深圳世界大运会,2009年和2015年亚洲田径锦标赛,2015年世界中学生田径锦标赛,2022年杭州亚运会(因疫情延期至2023年举行),第十二、十三和十四届全国运动会等重大赛事的执裁工作,担任第十二、十三、十四、十五届广西壮族自治区运动会田径比赛和历年来的南宁国际马拉松比赛的赛事总管(总裁判长)。

参加工作32年来,我先后被评为全国群众体育先进个人、全国推行《国家体育锻炼标准施行办法》先进工作者、全国贯彻实施《学校体育工作条例》先进个人、全区体育传统项目学校先进工作者、南宁教育系统教学骨干、南宁市先进教研组长等，获全区论文评比一等奖和南宁市优质课比赛一等奖，2020年被评为南宁市中小学艺体学科优秀教师培养对象，2021年被聘为首届自治区基础教育教学指导委员会委员。

  2010年起我服从学校的工作安排，转行负责行政工作，先后担任南宁三中总务副主任、三美学校总务主任、青秀校区总务主任、青秀校区副校长（分管德育）。再过5年，学校130周年校庆时我将退休，回顾几十年走过来的路，我见证了南宁三中从起步到发展再到壮大的过程，见证了南宁三中取得的荣耀。半个世纪的时间，岁月凝结成了一道美丽的风景线，这风景和记忆永远属于我们南宁三中人。

音乐

睁眼『看』音乐

—— 梁 毅

以"学科无界、学段无界、场域无界、资源无界"的概念融于教学的探究，在十多年的教学实践中，逐步形成了读研悟行的教学模式，"读·研·悟·行"教学范式四位一体，互促互融，根据学科核心素养进行针对性的体系构建，从而引导学生在学习的深度、广度、高度上不断探索，让学生在核心素养方面有新的提升。

梁毅，中共党员，高级教师，特级教师，南宁市学科带头人，广西特级教师工作坊主持人，南宁市名师工作室主持人，首届自治区基础教育教学指导专业委员会义务教育美育教学指导专委会委员，南宁市优秀共产党员，南宁市音乐学科中心组成员，获得广西基础教育教学成果二等奖，南宁市基础教育教学成果三等奖，多次获得国家级、自治区级、市级赛课一等奖等奖项，并指导学校合唱团、民乐团在各类比赛中斩获佳绩。主持自治区课题《基于培养中学生音乐学科核心素养的教育戏剧有效教学范式实践研究》并已结题，参与自治区级、市级以上课题20余项。积极指导、帮助青年教师成长为学校骨干力量，起到率先垂范的作用；经过多年教学实践总结出了基于培养中学生学科核心素养的"读·研·悟·行"教学范式，在多学科进行实践，取得了较好的效果。

"主讲教师很有品位。"——这是我在未来教育课堂上和其他学员交流感想时说的一句话。我之所以用这句话作为开场白,是因为这次的学习是我接受未来教育思想的开始,是我自2002年加入南宁三中后的首次成长分享。

在学习班的日子给我留下最深刻的两种感觉:第一种感觉是累。我每天在完成班主任工作和教学任务之后,还要拖着疲惫的身躯和大家坐在一起学习,晚上和节假日也是如此。第二种感觉是压力大。因为学习的时间有限,所以课程安排得很紧,知识量又大,作业又多,压力自然也就大了。现在回想起来,这些困难好像并不能影响我的学习热情,反而成了我的学习动力。主要是因为我有着对高科技知识的渴求和对先进教学理念的好奇,这些成了我学习动力的来源。

为期一周的学习很快就过去了,给我留下了很多回忆。我喜欢上了课间的咖啡、新认识的朋友,还有那些大家在一起畅所欲言的感觉。我还喜欢英特尔教学中的先进技术和手段,以及在学习的过程中不断构思、不停思考、不断吸取、不知疲倦的过程。我更喜欢向伙伴们交流展示自己的作品,在他们欣赏的目光里获得满足。

此时此刻,我突然意识到我的这些学习感受与自己的学生的学习感受是多么相似。那是一次难得的机会,让我得以把在未来教育课堂上学到的方法和知识运用到我的教学中去。这个机会就是每年一次的英特尔未来教育主讲老师的交流会。当时,我刚参加完学校组织的优质课比赛,英特尔未来教育的主讲老师——苏文凯老师就找到了我,希望我准备一节渗透未来教育教学理念的课来参加这次的交流会。

作为一名中学音乐教师,在教学的过程中会有这样的思考:怎样让学生更深入地了解和认识一部音乐作品?怎样培养学生的学习兴趣?怎样充分发挥他们的主观能动性,从而达到理想的教学效果?在实际的教学中,短短45分钟的教学、有限的课本知识以及传统的教学模式已经满足不了学生的求知欲。在教学中出现了学习时间和空间受限、教学内容单一、知识容量小、学生被动学习等问题。这些都影响了学生深入了解和挖掘知识,严重阻碍了学生对知识的进一步探究。怎样满足学生的求知欲望，解决教学中存在的问题？我想我在英特尔未来教育的学习和实践中找到了答案。

面对这些问题，我进行了一些新的教学尝试，做了一个阶段性的研究课题——睁眼"看"音乐。音乐可以"看"吗？我认为是可以"看"的。如果可以"看"，那将怎样"看"？我们把"看"这个字看作是形象的、深刻的，"看"就是一个对音乐作品从了解、聆听、分析到感悟的过程。

在实践中我是这样做的：首先，我对自己的教学对象进行了分析。作为初二的学生，他们具备了一定的查询、收集、分析资料的能力，他们好奇心重、有个性、富有挑战精神。为此，我制订了针对性较强的教学计划。其次，我把学生分成了几个小组，要求他们以小组为单位，通过不同的途径来收集教学内容（《雪绒花》《多来米》《孤独牧羊人》）的相关资料，并要求他们对收集到的资料加以分析，定出一个研究课题。最后，让学生制作演示文稿并在课堂上交流。自由选材、确定课题是学生很感兴趣的事情，有的小组定下了较大的研究课题——"音乐剧"，有的定下的是音乐剧中韦伯的作品《猫》，有的定下的是雨果的作品《悲惨世界》，还有的定下的是教材中的内容《音乐之声》，等等。学生面对自己选择的课题兴趣空前高涨，互相展示作品又使他们受到激励和鼓舞，所以他们以满腔的热情投入学习活动中。

这样的设计，老师和学生的角色与过去的教学传统不同：老师只是一个导航灯；在这堂课当中学生的主动性得到了充分的发挥，个性和能力得到了展示。学生走出了课堂，利用课余时间收集资料并进行小组讨论。对他们来说，没有明确的问题，更没有明确的答案，只有方向，他们必须自己拟定研究课题并加以分析。这样，学生的积极性大大提高，想象力得以充分发挥。学生在动手收集资料、分析资料的过程中肯定会遇到各种问题、有自己的见解，这时我就组织、引导、启发他们通过不同的途径和方法去寻找答案。最后的答案是在共同协作中获得的，而且答案是多样的、深刻的、出人意料的。其中研究雨果作品《悲惨世界》的小组在了解、分析和欣赏了这部音乐作品后得出了这样一个结论：因为有了音乐，才呈现了世界的悲惨一面；因为现实的悲惨，才有了音乐的《悲惨世界》。这个结论令我吃惊，可以看出学生对知识的理解和思考是多么的有张力。

学生在查询资料、分析资料的同时必将涉及其他学科的知识，如此一来，就打破了学科界限，触类旁通，举一反三，使知识融合在一起，拓展了学生的知识面，实现了学科的整合，学生的思维也会从单一的简单思维走向多向的高级思维。他们从收集的资料中了解到了更多有关人文、地理以及历史等方面的知识，并在分析这些知识的过程中产生自己的想法和观点，使知识、技能和情感融合在了一起，并因此明白更深刻的道理。在课堂的尾声，我要求每个学生用一句话对整个学习过程做总结。

学生对教学内容深层次的了解使我在帮助学生学习《雪绒花》《多来米》《孤独牧羊人》这3首歌曲的时候取得了更理想的效果。我把课堂教学分成了3个环节：声音的特点、音乐和自然、音乐形象。在"声音的特点"这个环节中，我先播放几组大自然的声响和图片，接着向学生提出问题：你们听到的是什么声音？它有怎样的特点？学生在思考问题的过程中对声音有了一些感性的认识，积极性也被调动了起来。在"音乐与自然"这个环节中，我向学生展示了几幅音乐图画：第一幅的主题是"田园"——田园与交响乐的融合；第二幅的主题是"海之诗"——大海和钢琴的结合；第三幅的主题是"现代"——现代气息与电声乐的结合。在欣赏过音乐图画之后，我要求学生谈一谈自己对这几种不同风格音乐的理解和感受。"音乐形象"教学环节分3个步骤进行：第一个步骤是知识性范例，学生在老师提供的网站中了解到了法国作曲家圣桑以及他的作品《动物狂欢节》。第二个步骤是做一个音乐游戏——"我选我选我选选选"。课件中有"天鹅""鸡""水族馆"3幅图画，我从《动物狂欢节》这部作品中截取了3段音乐，要求学生听音乐做判断，选出可以表现图画内容的一段音乐。学生在游戏中明白了音乐可以是天鹅，可以是水中的鱼，可以是大自然中任何一种物质。第三个步骤为了让学生能在实践中亲身感受到音乐形象，我设计了一个音乐舞台。在舞台中，学生不但要演唱歌曲《雪绒花》《孤独的牧羊人》，部分学生还要扮演歌曲《孤独的牧羊人》中的人物角色。学生通过在相关网站查询，以及对搜集到的资料进行分析，对这两部音乐作品有了更深入的了解，能更好理解其中的音乐形象和内涵。在教学的最后，我对这堂课进行总结：如果说，山坡上的牧羊人都能成为歌曲的题材，那生活中不是到处充满了音乐吗？回答是肯定的，因为音乐无处不在。

学生有丰富的知识、有自己的见解，这一切都使他们在演唱中能更充分地展现人物形象、领悟歌曲内涵。这就是我想要收到的效果。

在十多年的教学实践中,我逐步形成了"读·研·悟·行"的教学模式。"读·研·悟·行"教学范式四位一体,互促互融,根据学科核心素养进行有针对性的体系构建,从而引导学生在学习的深度、广度、高度上不断探索,让学生的核心素养得到新的提升。读,是信息的收集、分类、存取。研,是信息中问题的产生,并且围绕问题去寻找答案。悟,是读和研过程中每个人不同的理解,来源于知识的深处,直达心灵本质。悟是读和研的拓展与延伸,是在阅读和实践中的感受和体验的输出,论文集、诗集、剧本集等是师生"悟"的具体展现,教育戏剧与学科的融合促使学生的感悟向纵深发展。行,是以二次呈现(写、演、做、谈)的方式来表达自己的理解,是角色代入后的一种别样的体验,在体验中创造新意义。行可以是语文学科作文课中的"写",可以是音乐学科中的"演",可以是生物劳动课中的"做",可以是口述历史校本课程中的"谈",多元化呈现学习体验。

对于我的教学,有一位学生这样写道:在种树之前,你不会知道收获的果实有多大、多美味、多漂亮,只是希望它有好的收获。也许收获之时可能不会有想象中的好,但只要你认真去做了就会感到无比喜悦。

心理健康

静心等待　看见花开

—— 董　杨

对待学生——满腔热情、亲切和蔼；对待教学——贴近生活、遵循规律；教学方法——润物无声、简约平实。在教育教学中不断尝试激发学生学习的情绪、态度、兴趣、方法。重视课堂中与学生进行情感交流，真挚、真诚地对待每一位学生。

董杨，毕业于东北师范大学，心理学、教育管理学双学位，中共党员，副高级教师，南宁三中心理教研组组长，国家二级心理咨询师，正面管教认证家长讲师，首届自治区基础教育教学指导专业委员会家庭教育指导专委会委员，耿春华特级教师工作室成员，广西生涯教育研究会理事，南宁市中小学心理健康教育教师工作室主持人，南宁市教学骨干育秀工程培养对象，南宁市教学骨干，自治区优秀青年志愿者，南宁市中小学优秀心理辅导员，南宁三中优秀工作者、优秀科研工作者，自治区、南宁市心理优质课一等奖获得者。2008年曾作为广西心理专家志愿者团队成员赴四川汶川进行心理援助工作，为南宁市抗震救灾报告团成员。

俗话说："一种米养百种人。"同样，站在三尺讲台上的每位教师都有因自己的性格特点、认知方式、行为特点等形成的独特教育方式。学习对于教师来说是教学生涯中非常重要的事情，虽然线上线下的学习课程很多，自己阅读过的教育学、心理学的经典读物也很多，但我始终感觉已有的知识还不足以满足当前教育教学的需要，因此我不断地获取知识，持之以恒从书本中学、在实践中学，希望自己可以不断地学有所思、学有所悟。我不仅运用所学理论思考教育、教学所面临的问题，还把实践经验上升为理性认识、规律。

学生对周围的世界具有强烈的好奇心和积极的探究欲，学习的过程就应该是他们主动参与和能动的过程。心理健康教育有着与其他科目不同的学科特点。心理健康教育是教师根据学生生理、心理发展的规律，运用心理学的教育方法培养学生良好的心理素质，促进学生整体素质提高的教育。

2014年新高考改革开始在江浙、上海等发达地区落地，生涯规划教育也如雨后春笋般出现在基础教育领域。于是，我在心理教育的基础上开始了对生涯规划教育的探索，并且成功申报了南宁市"十二五"规划课题"高中开展职业生涯规划教育的实践研究"。在这一课题的带动下，根据自己在生活、学习、与学生的交流中得到的启发，我设计了不同主题的生涯课，其中"我的高中生涯"是这些课中非常具有代表性的内容。

在我们的日常生活中，我们可能因为很多原因要去一些陌生的地方，比如去旅行、探险、散步、考试、聚会、探亲、办事……走入陌生的地方我们可能需要使用手机导航；在使用电子设备不方便的时候，我们可能会使用地图或者手绘的路线图；如果以上辅助工具都没有，我们还可以用问路的方法。同样，走入高中生涯，同学们也需要建立自己的导航系统，从而更有思考、更有目标、更有方向地展开自己未来高中三年的学习。

以下是"我的高中生涯"的授课内容：

一、分发材料

1.每位同学一张白纸（这一张白纸代表高中三年的整个过程）。

2.彩色笔。

二、绘制"我的高中生涯地图"

1.分区：请同学们在白纸上划分出3个区域（分别代表高一、高二、高三），每个区域的面积可相同亦可不同，可以根据时间、任务、重要程度、规划等自己决定。

2.选色：在彩色笔中分别选出3种不同的颜色，为高中的每一年选一个主色彩，并分别以该主体色彩进行绘制（色彩的选择可能代表同学们对这一年的期待、情绪、感受等）。

3.象征：用代表这一年的色彩，画上一个你认为特别能代表这一年的事物（可具象亦可抽象。大自然的一切都似有似无地存在某些联系，有着一些可以想象的空间，每一个事物都可能有两面性，交流分享沟通后，可能会拓宽我们对于原有象征的更多元的思考）。

三、分享

1.你用了什么样的方式划分区域，为什么这样分？

2.你为每一年选择了什么颜色？绘制了什么事物？可详细说明。

四、整合

高中生涯每一年的象征都好像是独立存在的，然而这些独立存在之间又有着千丝万缕的联系，他们串联成了我们整个高中生涯。请同学们为你的高中生涯地图赋予一个名字。

精彩教学记忆

2013年9月的一天，突然接到政教处要我参加比赛的通知。这次比赛是南宁市教育局组织的青春期教育教学比赛，学校决定让我去参赛。通知明确一周后就要上交比赛课的视频材料，时间紧且任务重。于是，我立刻开始有条不紊地进行准备，确定授课年级和授课主题、收集相关资料、备课、制作课件……

在进行了一番思考后，我将授课年级确定为高一年级，授课主题与青春期的爱情相关。青春期是一个人恋爱观、爱情观形成的重要时期，此时若学生对恋爱观、爱情观有更多元的了解，可能会对学生产生积极、健康的影响。基于以上教学理念，"藏在书包里的玫瑰"这节爱情主题课就设计出来了。在设计之初，我内心有一个想法，随着时代的发展，人们对爱情的观念是不是也在发生巨大的变化，由原来对爱情忠贞、长久的追求变成了"不在乎天长地久，只在乎曾经拥有""爱一天算一天""爱情都是游戏，没必要真心对待"……这些爱情言论可能被青春期的学生听到过，如若他们将这些言论作为自己的爱情信念，那对自己或者对别人都可能造成伤害。

因为时间紧，没有试课安排，第一次上课就同步录制作为比赛课的最终稿。课堂中我先通过一个情景剧的表演，带领同学们走进中学时代的朦胧情感世界，然后通过小组讨论分享，了解同学们对于恋爱与爱情的想法；再通过讲述斯滕伯格的"爱情三角理论"，让同学们更加深刻地了解爱情的组成与形式。整节课的内容在同学们热情与羞涩的感受中一点点展开。

在主题课接近尾声时，我分享了《两只小猪的爱情》短片，片中两只相爱的小猪快乐地生活，直到有一天，其中的一只小猪听主人说另外一只小猪最近胖了很多，再过些天就可以拿出去卖掉了。从那天开始，它性情大变，开始拼命地吃东西、睡觉，对心爱的小猪不再理睬，一门心思只想长胖。终于，这只小猪如愿长胖，被主人带走了。这只小猪被带走后，另外一只小猪才知道，它这段日子的变化都是为了把活下来的希望留给自己。此时，大屏幕上出现了一句话："如果爱无法用语言来表达，我愿意用生命来守护你。"视频播放结束，同学们热烈鼓

五、结束

每一种色彩的赋予，每一种事物的赋意，都会化成高中生涯最初的动力。高中生涯的故事还在继续，里面充满了年轻的梦与力量，让我们一起为你们的高中助力喝彩！

六、学生作品展示

（一）学生作品：《飞》

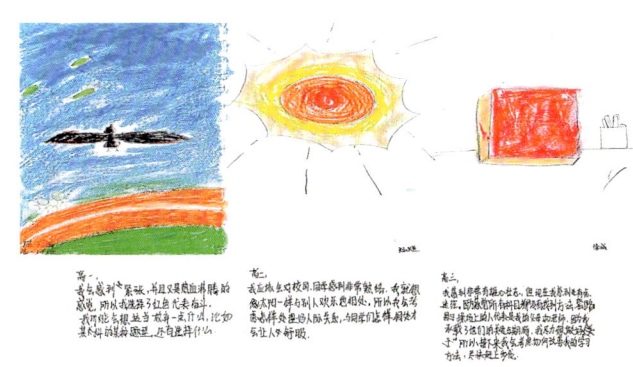

高一，关键词"飞翔"。我感到非常有雄心壮志，但又有点迷茫，因为感觉学习各科目没有找到方法。操场上的人代表的是我的父母和老师，因为我承载了他们的关爱和期待，我想尽力做好，所以接下来我会考虑如何改善我的学习方法，尽快赶上大家的步伐。

高二，关键词是"灿烂"。我对校园和同学已经感到非常熟悉了，我想像太阳一样和别人热情欢乐地相处，所以这一年主要考虑怎样处理好人际关系，与同学们怎样相处才会让人舒服。

高三，关键词是"学成"。高三会让人感到有些紧张，但又有热血沸腾的感觉，所以我选择了红色，代

表奋斗，尽我所能、能我所能，必要时适当放弃点什么，比如某科的某种题型。

(二) 学生作品：《青山上学图》

掌，掌声久久不停，有些同学还流下了热泪。同学们纷纷总结了自己对于爱情的理解："真诚、相守、能够彼此真心相待、愿意为彼此付出、彼此照顾对方的感受、负责任、有担当……长长久久、真挚的爱情值得用生命去守护！"同学们真挚的分享不禁让人赞叹：无论时代如何变迁，人们对于爱情的信仰都是真诚且美好的。每一位学生都值得拥有美好的爱情，享受爱与被爱的浪漫与幸福。

高一，关键词是"灯塔"。灯塔是什么？是方向，是目标，是指引。我希望找到属于自己的灯塔，找到前进的方向、方法，找到闪光点，找到希望。或许现在的我走得很慢，但我从来没有停下来。

高二，关键词是"刨根问底"。把根扎得深一点，把天看得远一点，把太阳看得近一点。困难像雨滴，可以击伤，也可以滋润。

高三，关键词是"旗帜"。时光或许从未慢过，"山重水复疑无路，柳暗花明又一村"，在天亮之前，微笑着一直走下去。

教学相长，随着时代的发展，学生的成长已不再仅仅依靠学校教育，他们有更多的资源和方法去探索和发现未知的世界。因此，作为教师要不断探索出适应学生世界观、价值观以及人生观的不断变化的教学方式，让课堂教学绽放出新的光芒。

现代教师不能只做一桶水，而应该是水源，取之不尽，用之不竭。这要求教师必须有终身学习的能力。但是教师一个人的知识毕竟是有限的，在鼓励学生提问的同时还应该鼓励学生解决问题。学生在发现并提出问题后尝试解决问题，能获得巨大的成就感，从而进一步提升提出问题、思考问题、解决问题的兴趣和质量，这是一个良性循环过程。

心育教育是一份"随风潜入夜，润物细无声"的细腻，是一种"众里寻他千百度，蓦然回首，那人却在，灯火阑珊处"的耐心，是一种"捧着一颗心来，不带半根草去"的赤诚。"一种米养百种人，百种人有千种结。"我工作时面对的青少年群体正是需要有人解结的年纪，希望自己在今后的教育、教学实践中以更加包容的心理状态，去接纳每一个孩子以及孩子背后的家庭，为心育教育的发展贡献出自己的微薄之力。

学生心语

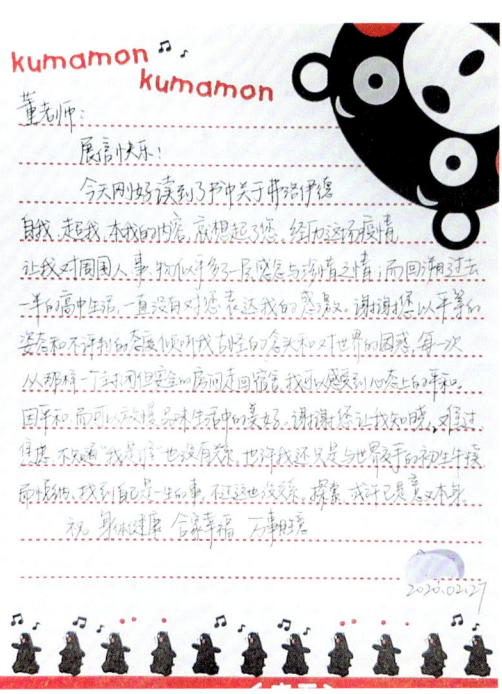

董杨老师：

　　真的非常感谢老师昨天听我断断续续说那么多，感觉内心一直困扰的东西终于减缓了一些。

　　这段时间也会慢慢调整自己的。

　　说点题外话，我一直对心理学专业有很浓厚的兴趣，希望通过自己的努力考上理想的大学。不知道为什么，昨天的咨询又给了我动力。

　　再次向老师致以真挚的感谢！

　　　　　　　　　　　　　　　　　　　　2020.12.8

心理董老师：

　　教师节快乐！相知时日甚短，但您的诲~教诲如春风化雨，让我们了解自身，与他人友善沟通，同老师教学相长。功夫不负有心人，终得桃李芳满园。

　　祝您

工作顺利！

　　　　　　　　　　　　　　　　　　18班全体同学
　　　　　　　　　　　　　　　　　　2022年9月10日

学科浪漫故事

To 董扬老师：

　　潜意识之海深不可测，您带领着我们去挖掘心中的宝藏，处理好人际关系，面对真实的自己。转动心魔方，大千世界尽收眼底。

　　祝您女神节快乐，永远青春飞扬！

南宁三中青山校区
高一20班
全体同学
2022.3.6

*Tenderness IS the TREASURE of the whole world.

尊敬的董老师：

　　您好！

　　春风化雨润斜月，红烛拌泪染三星。我们何其有幸，能够遇到您这样学识渊博又幽默风趣的老师。您带领我们在心灵的世界中畅游，拉近了同学间的人际关系，启迪了我们对生命之思索。

　　正值教师节到来之际，我们向您表达最真挚的感激与爱戴！

　　祝

万事如意，桃李天下

2022级（10）班全体学生

Happy Teachers' Day !

师恩永难忘。

终化常青木
仍镇南三天

——22级（10）班全体学生

董杨老师：

您好！

我是2020年12月曾经找您进行过心理咨询的学生。最近从朋友那里听说了您和心理活动室的近况，于是我不禁想想起两年前自己坐在心理室的光景。当时咨询的具体内容已经忘却，但我仍然记得房间里的沙发、书架、纸巾、窗户，和爬上办公楼五楼时焦急难耐的心情。

短短的一个小时，仿佛灰暗之中的一点光芒，对彼时的我来说是莫大的慰藉。现在回忆起来依然萦绕着淡淡的温暖。

我想，在三中开展心理健康教育或许要面临各式各样的困难，因此更加感谢您和心理室的老师们这么多年来一直照顾着三中的孩子们，为疲于学业和生活的大家提供一个可以休息的去处。

也许在不知不觉中，很多人的人生就被改变了呢。

我原本非常想亲手将感谢信交给您，很遗憾一直没有机会回到三中，故拜托朋友转交这封信。

祝老师事业顺利，生活愉快！

一个来访者
2023年3月26日

后记

在编写本书时，品读着各位老师的文章，我虽觉得大多平淡朴实，偶尔妙趣横生，却总是那么感人肺腑，也许这就是"真·爱"的力量。这些教学故事足够真实，它们就是南宁三中教师日常的点滴、教学的纪实。三中人，确实是这样教书，这样上课的。学科的浪漫，已然深入到教师的骨髓，也正是这样，南宁三中成了一所把浪漫刻入校史中的"真·爱"学校。

教学相长，观摩从同。譬如新簧，菁茂匪穷。从乌龙寺到青山脚下，从小讲堂到自治区重点高中，百廿年校史为南宁三中赋予了神圣的浪漫。而这百廿年的浪漫积淀，靠的是一代又一代三中人对教育之初心，对"真·爱"理念的坚守。这般浪漫，不仅贯穿南宁三中的发展始终，更贯穿每一代每一位三中人的发展始终。百廿年风风雨雨，多少届教师来来去去，"'真·爱'教育敦品力学"的理念却始终如一，薪火相传，从未间断。无论课堂内外，无论学科差异，无论资历深浅，每位三中人都是且永远是名校百廿年浪漫乐章的创造者。学科浪漫故事，也永远由这些平淡真挚的人们撰写。代代传承下，三中人以自己的勤奋与智慧，担起教育之重担。一方讲台，一份教案，一节正课，一次答疑，无一不是学科浪漫的点滴。而每一位南宁三中教师，都会用毕生的精力——数千次走上讲台，书写数千份教案，上好数千堂课，做好数千次答疑，用数千个浪漫点滴，讲好一门学科的浪漫故事。这背后的付出，这背后的心血，这背后青春的光辉与光华，都足够对得起"浪漫"二字的重量——不但能承其重，更将其升华——这不单是学科的浪漫，还是教师终身的浪漫，更是南宁三中乃至教育事业永恒的浪漫。

党的二十大报告指出，时代呼唤着我们，人民期待着我们，

唯有矢志不渝、笃行不息,方能不负时代、不负人民。对于教师群体而言,讲好学科浪漫故事,用心倾注新时代教育便是对时代呼唤与人民期待最优秀的反馈。在教育改革事业蓬勃发展的今天,教师群体更应顺应改革浪潮,创新教育方式,改进学科理解,将学科浪漫贯穿始终,并以这般浪漫,扛起对学生、对教育事业的责任。刚柔并济,用智慧武装学生,用真心感化学生,让学生感受学科浪漫,感受教育温暖,从而在这种熏陶下有意识、有动力续写自己的浪漫和家国的浪漫。做好辛勤的园丁,将希望的种子在南湖之畔播下,把教育的高歌唱响八桂四方——这就是三中人"真·爱"教育的矢志不渝,"真·爱"教育的笃行不息,"真·爱"教育的浪漫极限。

此书的编写既是对全体南宁三中教师教育教学辉煌成果的肯定与赞誉,更是对未来南宁三中新鲜血液的勉励期许。我们相信,凭借着这份南宁三中独有的浪漫,南宁三中这片园地会永远丹桂飘香,永远桃李芬芳。

感谢为此书供稿的老师,感谢南宁市第三中学校党委、校团委及领导班子对于编写此书的大力支持,感谢为整理来稿与材料而努力的编辑人员、教师及其他一切为此书编写作出贡献的人士。由衷感谢你们为此书的无私付出!